KB069701

대학생의
자기계발을
위한

'대학생활과 진로탐색'

| 권창미 · 송창백 공저 |

학지사

머리말

저자는 2011년부터 학습전략, 대학생활, 자기계발, 진로탐색 등의 과목을 강의하면서 수업에 대한 연구를 해 왔다. 대학으로의 진학은 고등학교 졸업 후 당연히 이어지는 교육과정이 되었지만, 학생들의 학습능력과 대학생활 적응능력은 지속적으로 감소하고 있는 실정이다. 따라서 학생들이 대학에 진학하고도 이러한 기본적인 능력이 부족하여 대학에서 원활하게 수학하지 못하고, 또한 진로의 부재와 고민으로 대학생활을 제대로 이어가지 못하여 방황의 시간을 보내거나 급기야는 대학을 중퇴하게 되는 사례를 많이 접할 수 있다.

대학에 진학한 학생들이 기본적인 학습능력을 보유하지 못한 것은 무엇보다 학습하는 방법을 제대로 배우지 못했기 때문으로 볼 수 있다. 또한 대학을 졸업하고도 취업이 지연되거나 전공과 전혀 다른 분야로 취업하는 것은 대학생활의 또 다른 부적응으로 볼 수 있다. 학습하는 방법이 습득되지 않으면 학습의욕이 낮아지고, 저하된 학습의욕은 스스로의 발전과 계발을 지속적으로 방해하는 요인으로 작용한다. 그리고 학습능력은 스스로 자신의 학습을 조절하고 통제하며 자신의 학습수준을 점검해 볼 수 있을 때 비로소 향상된다. 따라서 이 책은 대학생활의 중요한 요소인 대학공부와 진로탐색을 골자로 학습자가 자신의 학습과 진로를 조절하고 통제할 수 있는 다양한 방법과 기술을 포함시켰고, 학습자 스스로가 직접 실천해 볼 수 있는 워크북 형식으로 제작하였다.

이 책은 크게 세 개의 Part(대학생활, 진로탐색, 포트폴리오)로 구성되어 있다. Part 1은 대학생활에 초점을 두어 대학생으로서의 목표설정과 대학생활을 설계하는 방법을 제시함으로써, 향후 학습자가 스스로 자신의 대학생활을 통제하고 관리할 수 있는 다양한 방법을 제공하였다. 그리고 대학생활을 대표할 수 있는 대학공부를 효과적으로 할 수 있도록 도와주기 위해 먼저 자신의 학습양식(learning style)을 확인해 봄으로써 자신을 점검해 보고, 학습동기의 중요성을 확인하며, 학습의 대단위 목표를 설정하는 방법을 명시하였다. 또한 학습하는 동안 학습에 영향을 미칠 수 있는 여러 요인을 고려하여 효과적인 학습관리, 학습성찰, 과제수행의 방법과 노트필기 및 마인드맵의 활용방법 등을 제시하였다. 특히 학기 중에 실천해 볼 수 있는 다양한 유형의 실천노트를 제공함으로써 학습자의 학습능력 향상을 지원해 줄 수 있는 전략들을 제시하고 이를 실천할 수 있도록 구성하였다. Part 2는 진로탐색 과정에 초점을 두어 직업세계와 자신을 이해하는 과정 그리고 전공 분야에서 자신의 진로를 찾고 의사결정을 하는 과정으로 구성하였다. 마지막으로, Part 3은 자신의 대학생활을 보여 줄 수 있는 학습포트폴리오와 진로포트폴리오를 구성하는 요소 및 작성방법 등으로 다루었다. 종합하면 이 책의 내용은 대학에서 수학하고 있는 학생들, 특히 신입생들이 대학생활을 하는 데 가장 중요한 필수 전략들로 구성하였다.

이 책은 학습포트폴리오 형식을 띠고 있다는 것이 또 하나의 특징이다. 자신에게 맞는 학습양식을 분석하고 다양한 학습전략과 방법을 실천해 본 내용을 자신만의 포트폴리오로 남김으로써, 필요한 경우에 지속적으로 반복하고 점검해 볼 수 있는 자료로 활용할 수 있도록 하였다.

이 책은 다년간의 연구와 실제 적용해 본 전략들 중에서 효과가 검증된 내용을 중심으로 구성하였으며, 전체 장을 대학의 한 학기 수업으로 활용할 수 있도록 하였다. 따라서 대학생의 학습능력을 향상시키고, 조기 진로결정을 통하여 성공적인 대학생활을 할 수 있도록 도와주고자 개설된 강좌에 이 책을 활용해 볼 수 있을 것이다. 이 책을 통하여 대학생들이 자기조절학습능력과 진로발달 역량을 조금이나마 높일 수 있으리라 기대해 본다.

책을 쓴다는 것은 설렘과 아쉬움의 연속인 것 같다. 부족하지만 이 책이 완성되기까지 아낌없이 지원해 주신 안동과학대학교 권상용 총장님, 저자를 연구자의 길로 안내해 주신 안동대학교의 양용칠 교수님께 감사의 말씀을 드린다. 개인적으로는 한창 엄마의 사랑과 보살

핌이 필요한 시기에 함께해 주지 못한 부족한 엄마임에도 오히려 정신적 기쁨과 에너지를 주는 아이들(우성, 예성)에게 미안함과 감사함을 전하고 싶다. 또한 간간이 미울 때도 있었지만 아내로서의 역할에 충실하지 못함을 이해해 준 남편에게도 감사드린다. 끝으로 이 책이 나오기까지 꼼꼼히 교정해 주신 편집부 이혜진 선생님과 어려운 출판 여건 속에서도 이 책의 출간을 도와주신 학지사의 김신환 사장님께도 감사의 말씀을 드린다.

2016년 2월 새로운 시작을 기대하며
함백 연구실에서
저자대표 권창미

차 례

들어가는 말

CHAPTER 01 나 알리기

나 알리기

나 알리기는 자신의 무엇을 어떤 내용으로 소개할 것인지를 고민하고 결정하여, 많은 사람에게 자신을 소개하는 것이다. 자기소개와 비슷한 의미를 가지고 있지만 자기소개보다는 좀 더 체계적이고 목적지향적으로 자신을 알리는 것이라고 볼 수 있다.

1. '나 알리기'의 중요성

나의 존재, 내가 어떤 사람인지 알리는 것은 중요하다. 우리는 사람들에게 자신의 존재를 알림으로써 자신의 중요성을 인식하게 된다. 또한 자신을 알림으로써 사회의 구성원으로서 자아존중감을 형성할 수 있다.

2. '나 알리기' 절차

친구에게 나의 무엇을 소개하는 것이 나를 가장 잘 소개하는 것일까?

우리는 흔히 자기소개를 부탁받으면 무엇부터 또는 무엇을 말해야할지 망설이곤 한다. 그래서 때로는 두서없이 무엇을 말했는지도 모르게 자신을 소개하곤 한다.

자신을 알릴 때에는 이 상황에서 자신의 어떤 점을 드러내면 좋을까를 먼저 생각하고, 이에 대한 재미있는 이야기, 경험 혹은 인상 깊었던 내용을 함께 전달해주는 것이 좋다.

Step 1. 나에 대해 알리고 싶은 항목 선정

▶ 아래에 나와 있는 항목을 보고, 나에 대해 알리고 싶은 항목을 선택 또는 추가해 보세요.
□ 기본 사항(이름, 나이, 사는 곳 등)
□ 우리 가족 소개
□ 자기소개(자란 과정, 외모적 특징, 성격, 생애 5대 사건 등)
□ 지금까지의 삶에서 기억에 남는 일
□ 희망 직업과 그 이유
□ 좋아하는 일과 그 이유
□ 싫어하는 일과 그 이유
□ 고치고 싶은 버릇
□ 가장 감동적으로 읽은 책 또는 영화
□ 자랑하고 싶은 나의 장점
□ 고쳐야 할 나의 단점
□ 앞으로 꼭 사귀고 싶은 사람
□ 나의 고민들
□ 해 보고 싶은 일

자신을 알리기 위한 항목 선택이 이루어졌다면, 그 다음에는 선택한 항목을 중심으로 소개할 구체적인 내용을 생각해야 한다.

Step 2. 선택한 항목에 대한 내용

▶ 선택한 항목에 대한 내용을 작성하세요.
□ 기본 사항(이름, 나이, 사는 곳 등)

▶ 선택한 항목에 대한 내용을 작성하세요.
□ 우리 가족 소개: 우리 가족을 소개합니다.

▶ 선택한 항목에 대한 내용을 작성하세요.

□ 자기소개: 저를 소개합니다. (자란 과정, 외모적 특징, 성격, 생애 5대 사건 등)

▶ 선택한 항목에 대한 내용을 작성하세요.

□ 지금까지의 삶에서 기억에 남는 일

▶ 선택한 항목에 대한 내용을 작성하세요.

☐ 희망 직업과 그 이유: 이런 직업을 갖고 싶습니다.

▶ 선택한 항목에 대한 내용을 작성하세요.

☐ 좋아하는 일과 그 이유

▶ 선택한 항목에 대한 내용을 작성하세요.

□ 싫어하는 일과 그 이유

▶ 선택한 항목에 대한 내용을 작성하세요.

□ 고치고 싶은 버릇: 이런 버릇을 고치고 싶습니다.

▶ 선택한 항목에 대한 내용을 작성하세요.

□ 가장 감동적으로 읽은 책 또는 영화

▶ 선택한 항목에 대한 내용을 작성하세요.

□ 자랑하고 싶은 나의 장점: 이런 점이 자랑하고 싶은 저의 장점입니다.

▶ 선택한 항목에 대한 내용을 작성하세요.

□ 고쳐야 할 나의 단점: 이런 점이 고쳐야 할 저의 단점입니다.

▶ 선택한 항목에 대한 내용을 작성하세요.

□ 앞으로 꼭 사귀고 싶은 사람

▶ 선택한 항목에 대한 내용을 작성하세요.

□ 나의 고민들: 저에게는 이러한 고민이 있습니다.

▶ 선택한 항목에 대한 내용을 작성하세요.

□ 해 보고 싶은 일

▶ 추가한 항목에 대한 내용을 작성하세요.

□

▶ 추가한 항목에 대한 내용을 작성하세요.

□

Activity 1. 팀별 '나 알리기'	
진행 방법	– 앞에서 작성한 내용을 토대로 팀 내 구성원끼리 돌아가며 한 명씩 자신을 알리는 시간을 갖는다(팀별 진행). – 교수자는 팀별 진행이 이루어지는 동안 각 팀을 돌아다니며 원활한 진행이 이루어질 수 있도록 독려한다.

Activity 2. '친구 알리기'	
진행 방법	– 팀 내 인상 깊었던 '나 알리기'를 한 친구를 다른 팀에 소개한다(전체 진행). – 이때 소개하는 친구는 '나 알리기'를 한 친구의 인상 깊었던 내용을 중심으로 소개하며, 더불어 자신이 느꼈던 친구의 인상과 느낌을 표현한다.

Task 1. '나 알리기' 작성하기	
포트폴리오 구성 방법	– 수업시간에 이루어진 활동 내용을 토대로 다시 한 번 정리한다. – 이때 '나 알리기'에서 언급된 내용은 관련된 사진, 그림, 이미지 등과 함께 정리한다. – '나 알리기'에서 강조하고 싶은 내용은 글자 크기, 색깔 변경으로 강조한다.

MEMO

PART 1

미래를 바꾸는 대학생활

대학생활의 새 희망 만들기

대학생활은 여러분의 미래를 바꾸어 줄 수 있는 아주 중요한 시간이다. 대학생활을 어떻게 하는가에 따라 졸업 후 여러분의 모습은 달라질 수 있기 때문이다. 그렇다면 대학생활을 잘하기 위해서는 무엇을 어떻게 해야 할까? 대학생활을 잘하기 위한 첫 단추는 바로 비전과 목표를 설정하고, 그에 대한 우리의 희망을 만드는 것이다.

비전, 목표, 희망의 차이점

- 비전: 발전 가능성이 높은 가치 또는 전망.
- 목표: 어떤 목적을 이루려고 지향하는 실제적 대상 혹은 행동을 통하여 이루려는 최후의 대상. 비전을 구체화하고, 희망을 현실화하기 위해 필요한 것은 바로 목표. 희망은 누구나 가질 수 있지만, 목표는 달성하기 위해 반드시 노력이 따름.
- 희망: 기대 혹은 바람. 즉, 마음으로 가지는 것을 의미. 희망은 목표의 도착지점.

성공한 리더들의 공통된 요인 중 하나는 달성하고자 하는 명백한 목표와 비전을 가지고 있다는 점이다. 성공한 리더들은 자신이 무엇을 할 것인지를 알고 있고, 그것을 자신을 따르는 다른 사람들에게 알려주며, 그들로부터 그 일을 위임하여 일을 추진한다.

레이건은 70세가 되어서야 대통령이 되었지만, 이미 오래 전부터 자신이 무엇을 할 것인지를 국민에게 알려 왔다. 그리고 대통령이 된 그는 드디어 오래 전부터 국민에게 알려 온 일을 추진했다. 또한 이를 통해 잃어버린 미국의 자존심과 영광을 되찾을 수 있으리라는 비전을 제시해 주었다.

그가 추구했던 것은 변해버린 미국의 가치관을 되찾는 일이었다. 뉴딜과 함께 시작된 정부간섭은 일시적으로는 문제를 해결했으나, 궁극적으로는 미국의 근본적인 가치관을 파괴하고 지금의 경제적 · 외교적 문제를 일으켰다. 그래서 레이건은 정부간섭에서 벗어나 전통적 가치인 자유방임으로 돌아가고자 했다. 집단에서 벗어나 개인의 자유를 되찾을 때라 생각했기 때문이다. 또한 의존적인 생활방식을 버리고 자존을 해야 할 시기라 생각했다. 그리고 또 하나, 미국의 힘과 자존심을 회복시켜야 할 때라 생각했다.

이를 위해 레이건은 두 가지 목표에 집중했다. 하나는 경제부흥이고 다른 하나는 세계평화였다. 그리고 레이건은 이 두 가지 목표를 성공적으로 달성했다. 레이건의 목표달성은 단지 시기의 문제였다. 그것은 우연이 아니라 필연이었고 레이건의 낙관주의의 결과였다. 그리고 그 결과가 오늘날 미국의 번영과 영광의 밑바탕이 되었다는 점은 두 말 할 나위가 없다.

출처: 김형곤, 2007.

로널드 레이건의 비전은 무엇이었나?

로널드 레이건의 목표는 무엇이었나?

1. 비전정립

자동차를 운전하며 가는데 도착해야 할 정확한 목표지점이 없다면 어떻게 될까?

어떤 행동을 하거나 일을 수행하기 위해서는 비전과 목적을 정립하여 방향성을 가지는 것이 중요하다. 비전과 목적은 자신의 모든 행동에 기초가 되며, 의사결정에 있어서도 중요한 지침으로 작용하게 된다.

그러나 비전은 한순간에 만들어지는 것이 아니다. 우리는 자신이 무엇을 가치있게 생각하며, 중요하게 생각하는지에 대해 진지하게 생각해 볼 필요가 있다.

자신의 비전과 목적을 정립하기 위해 다음과 같은 질문에 답해 보자.

□ 내가 가장 중요하게 생각하는 것은 무엇인가?

□ 내가 생각하는 의미 있는 삶은 어떤 삶인가?

□ 내 삶의 원칙은 무엇인가?

□ 내 삶의 목적은 무엇인가?

□ 위의 질문들에 답한 내용을 토대로 자신의 비전을 진술해 보자.

2. 목표수립

목표는 자신이 달성하고자하는 구체적인 대상이다. 목표는 반드시 기한(제한시간)이 있어야 한다. 만약 기한이 없는 목표를 설정하였다면, 그것은 목표가 아니라 누구나 가질 수 있는 희망사항이 되어버린다. 그래서 목표는 SMART하게 수립해야 한다.

1) SMART한 목표수립

• S(Specific): 목표는 구체적이어야 한다

좋은 목표를 설정하려면 자신이 정확히 무엇을 달성하려 하는지에 대한 구체적인 기술이 필요하다. 구체적인 목표는 그 목표를 달성할 수 있도록 무엇을 해야 하고 어떠한 노력을 해야 하는지에 대한 안내가 되어 준다. 따라서 목표는 구체적으로 수립하는 것이 중요하다.

아침형 인간이 되겠다. (X)
매일 아침 5시에 일어나 하루 일과를 시작하겠다. (O)
수업시간에 한 번도 지각을 하지 않겠다. (O)

• M(Measurable): 목표는 측정 가능해야 한다

목표는 반드시 측정이 가능해야 한다. 목표에 대한 측정이 가능하지 않으면 목표달성 여부를 판단하기 어렵기 때문이다. 따라서 목표달성 여부가 판단될 수 있도록 측정 가능한 목표로 설정해야 한다.

살을 빼겠다. (X) / 좋은 성적을 받겠다. (X)
앞으로 6개월간 매달 1kg씩 감량하여 6kg을 빼겠다. (O)
이번 학기에 평균평점 3.5점 이상의 성적을 받겠다. (O)

• A(Achievable): 달성 가능한 목표를 설정해야 한다

거대한 목표가 좋다하여 자신의 능력에 맞지 않게 설정한 과도한 목표는 작심삼일로 쉽게 끝나 버릴 수 있다. 자신의 현재 위치에서 노력을 더하면 달성할 수 있는 현실적인 목표를 세우는 것이 중요하다.

나는 대통령이 되겠다. (X)
나는 한 달에 책 한 권씩 읽겠다. (O)
나는 봉사활동을 일 년에 두 번 이상 하겠다. (O)

• R(Realistic): 목표는 자신의 상황에서 현실적이고 타당해야 한다

목표는 자신에게 필요하고, 자신의 상황에서 타당한지를 판단하여 설정해야 한다. 예를 들어, 이미 누가 봐도 마른 여성이 다이어트를 더 하겠다고 과도한 비용과 시간을 투자하여 감량 목표를 세웠다면, 그것은 현실적으로 타당하지 않은 목표에 해당된다.

(바쁜 일상에도 다이어트에 성공한 사례를 보고)나도 일주일에 5kg을 빼겠다. (X)
(유학 준비를 앞두고) 매일 아침 영어 동영상 강의를 한 시간씩 듣겠다. (O)

• T(Time-based): 목표는 제한된 시간이 존재해야 한다

자신이 세운 목표들을 언제까지 달성하겠다는 기한을 정해놓지 않으면, 그 목표는 점점 미뤄질 것이다. 즉, 나의 목표가 아니게 될 가능성이 높아지는 것이다. 구체적인 마감 시한을 정해 놓고 최대한 그 시한 전에 목표를 달성할 수 있도록 스스로에게 긴장감을 주는 것이 목표를 달성하는 데 큰 보탬이 된다.

컴퓨터 자격증을 두 개 이상 취득하겠다. (X)
이번 학기까지 컴퓨터 자격증을 취득하겠다. (O)
올해까지 자기계발 관련 도서를 열두 권 이상 읽겠다. (O)

지금까지 똑똑한 목표를 설정하는 방법에 대해 살펴보았다.

앞에서 살펴본 SMART한 목표수립 방법을 생각하면서 대학생활 동안 이루고 싶은 자신의 목표를 수립해 보자.

잠깐! 설정에서 중요한 것 중 하나가 바로 제한시한이라고 했습니다. 따라서 여러분의 대학생활 기준으로 목표를 세워 보세요.

- 대학생활 동안 이루고 싶은 목표
- 학기별 목표
- 월별 목표

대학생활 목표		
1-1학기 목표	1학기 월별 목표	
	3월	
	4월	
	5월	
	6월	
	여름방학	
1-2학기 목표	2학기 월별 목표	
	9월	
	10월	
	11월	
	12월	
	겨울방학	

2-1학기 목표	1학기 월별 목표	
	3월	
	4월	
	5월	
	6월	
	여름방학	
2-2학기 목표	**2학기 월별 목표**	
	9월	
	10월	
	11월	
	12월	
	겨울방학	
3-1학기 목표	**1학기 월별 목표**	
	3월	
	4월	
	5월	
	6월	
	여름방학	

3-2학기 목표	2학기 월별 목표	
	9월	
	10월	
	11월	
	12월	
	겨울방학	
4-1학기 목표	**1학기 월별 목표**	
	3월	
	4월	
	5월	
	6월	
	여름방학	
4-2학기 목표	**2학기 월별 목표**	
	9월	
	10월	
	11월	
	12월	
	겨울방학	

"비전이 있는 희망을 날짜와 함께 적으면 목표가 되고,
목표를 잘게 나누면 계획이 됩니다.
계획을 실행에 옮기면 희망은 현실이 됩니다."

Task 1. 대학생활 동안 이루고 싶은 목표수립하기	
포트폴리오 구성 방법	- 목표진술은 SMART 규칙에 따라 진술한다. - 대학생활 4년 동안 이루고자 하는 목표를 나열한다. - 목표를 각 학년, 각 학기별로 나누어 기술한다. - 각 학년, 각 학기별로 이루고자 하는 목표를 달성하기 위한 작은 목표를 월별로 정리한다. - 목표는 전체가 한눈에 파악하기 쉽도록 작성한다.

MEMO

MEMO

대학생활 설계하기

앞 장에서는 대학생활을 잘하기 위한 비전과 목표를 수집해 보았다. 자신의 비전과 대학생활 동안의 목표가 설정되고 나면, 그 목표를 달성하기 위해 스스로 행동으로 실천할 수 있는 구체적인 계획과 설계가 이루어져야 한다. 목표만 설정하고 계획을 세우지 않는다면, 그 목표는 어느새 방향을 잃고 만다. 하지만 대학생활 목표를 향한 설계를 한다면 그 설계는 목표를 향해 달려갈 수 있는 안내자 역할을 할 것이다. 따라서 지금부터는 대학생활의 비전과 목표를 이루기 위한 구체적인 설계를 해 볼 것이다.

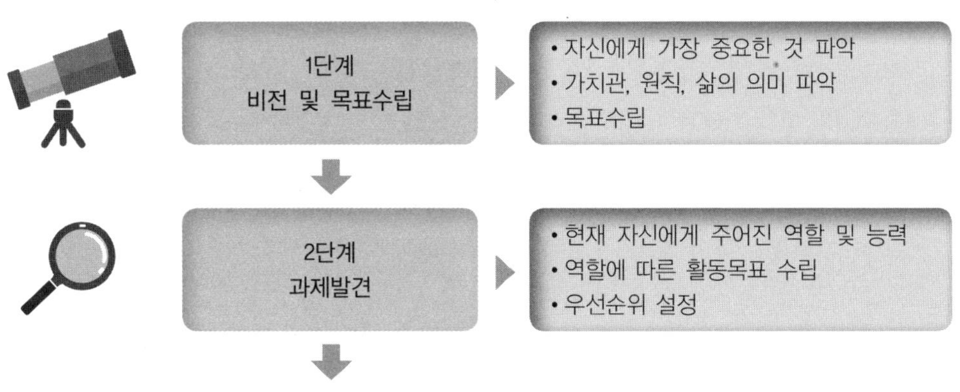

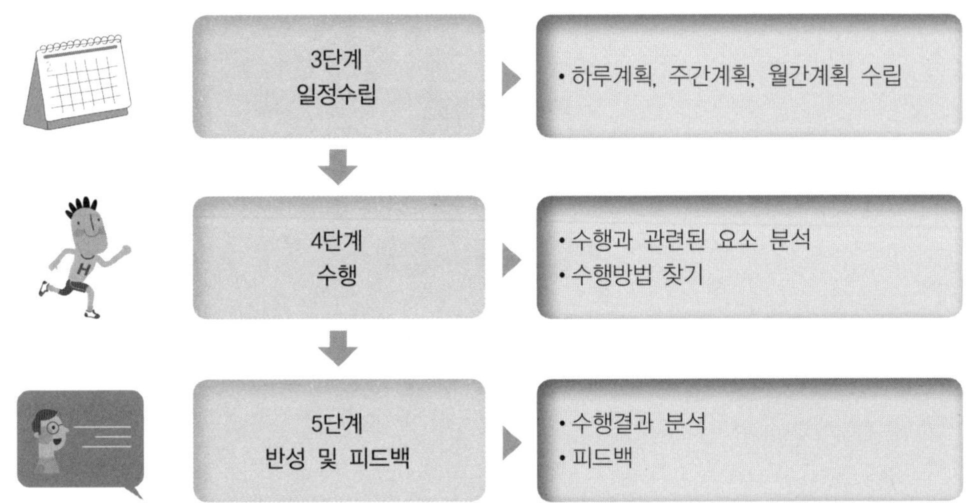
3단계
일정수립
• 하루계획, 주간계획, 월간계획 수립
4단계
수행
• 수행과 관련된 요소 분석
• 수행방법 찾기
5단계
반성 및 피드백
• 수행결과 분석
• 피드백

[그림 3-1] **대학생활 설계 절차**

1. 과제발견 단계

자신의 비전과 대학생활 동안의 목표가 수립되면, 목표를 달성하기 위해 현재 자신이 수행해야 할 일(과제)을 도출해야 한다. 그러기 위해서는 자신의 역할 및 능력을 검토해 보아야 한다.

다음 질문을 통해 자신의 역할 및 능력을 검토하고, 해야 할 일을 조정하여 자신이 수행해야 할 과제를 도출해 보자.

- 현재 나에게 변화가 필요한 부분은 무엇인가?
- 자신의 목표에 비추어 보았을 때, 현재 자신에게 요구되는 능력은 무엇인가?
- 요구되는 능력을 키우기 위해 현재 행동으로 실천해야 할 과제는 무엇인가?

목표	요구되는 능력	나에게 요구되는 것 (과제발견)
1.		

2.		
3.		
4.		
5.		

수행해야 할 역할들이 도출되고 이에 적합한 활동목표가 수립되면, 각 역할 및 활동목표별로 해야 할 일을 우선순위에 따라 구분한다. 우선순위를 구분하는 여러 방법들이 소개되고 있지만 일반적으로 사용하는 방법은 가장 중요하고, 가장 긴급한 일일수록 우선순위가 높다고 판단하는 것이다.

아래의 그림을 보고 자신에게 요구되는 과제들에 대한 우선순위를 설정해 보자.

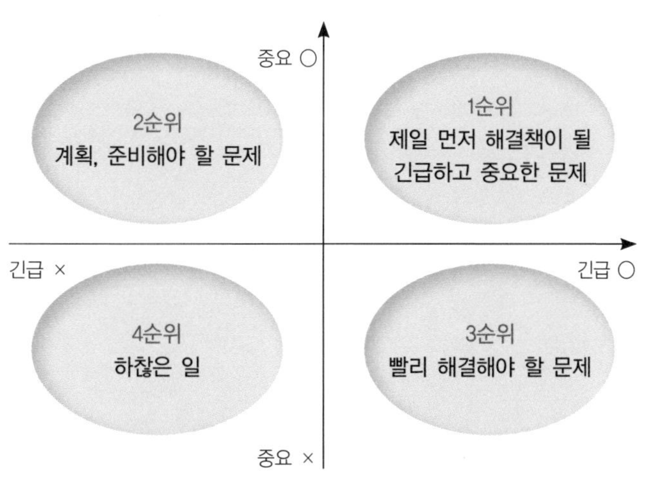

[그림 3-2] **요구되는 과제들의 우선순위**

목표	나에게 요구되는 것 (과제발견)	우선 순위
1.		
2.		
3.		
4.		
5.		

2. 일정수립 단계

목표를 달성을 위해 해야 할 과제들이 도출되었다면 그 일의 우선순위에 따라 구체적인 일정을 수립해야 한다. 일정은 연간계획 → 월간계획 → 주간계획 → 하루계획의 순으로 작성한다.

연간계획과 월간계획은 보다 장기적인 관점에서 계획하고 준비해야 할 일을 작성하고, 주간계획에서는 우선순위가 높은 일을 먼저 하도록 계획을 세우며, 하루계획은 이를 보다 자세하게 시간단위로 작성해야 한다.

잠깐! 한 가지 주의할 점은 빨리 해결해야 할 긴급한 문제라고 하여 무조건 우선순위를 높게 잡고 이를 중심으로 계획을 세우게 된다면, 오히려 중요한 일을 놓치는 잘못을 저지른다는 것입니다. '소중한 것을 먼저 하라' 라는 스티븐 코비의 제언을 항상 염두에 두고 앞에서 분석한 우선순위에 따라 중요한 일을 모두 수행할 수 있도록 계획을 세우는 지혜가 필요합니다.

• 연간계획 세우기

먼저 앞에서 설정한 자신의 목표를 떠올리면서 연간계획을 한 눈에 파악할 수 있도록 시간의 흐름에 따라 해야 할 과제를 한 덩어리씩 나열한다.

이렇게 나열한 큰 단위의 연간계획은 세부계획을 세우는 데 안내자 역할을 하게 된다.

• 월간 및 주간계획 세우기

| 고정적인 일정 또는 활동을 기록한다

계획을 세우다 보면 반드시 정해진 일정들이 있다. 학사 일정(MT, 체육대회, 축제 등), 수업, 실습, 아르바이트 등과 같이 이미 잡혀 있는 일정이나 규칙적으로 짜인 활동들을 파악하여 모두 적어 놓아야 한다. 이렇게 해야 고정적인 시간을 제외한 나머지 시간에 자신이 매일 해야 할 일들을 차질 없이 계획하여 수행할 수 있다. 그러기 위해선 먼저 주 단위로 요일별 해야 할 일들과 필수 일정을 기록해야 한다.

연	1	2	3	4	5	6	7	8	9	10	11	12
주	1 2 3 4	1 2 3 4	1 2 3 4	1 2 3 4	1 2 3 4	1 2 3 4	1 2 3 4	1 2 3 4	1 2 3 4	1 2 3 4	1 2 3 4	1 2 3 4
목표 1												
목표 2												
목표 3												
목표 4												
목표 5												

월	이달의 목표						
	월	화	수	목	금	토	일
1주							
2주							
3주							
4주							

Tip

1. 고정적인 일정과 활동을 기록할 때 자신이 잊지 말아야 할 중요한 날짜(과제 마감일, 도서 반납일, 접수 마감일, 기념일 등)를 함께 기록하면 차질 없이 계획을 세울 수 있다.
2. 연간목표에 맞춰 해당 월의 목표를 세우는 것도 효과적인 계획을 세우는 데 도움이 된다.

• 하루계획 세우기

| 해야 할 일들의 구체적인 리스트를 나열한다

앞의 단계를 통해 목표를 달성할 수 있는 큰 덩어리의 계획을 세웠다면 지금부터는 그 목표를 달성하기 위해 매일 해야 할 일들을 나열하고 그것을 실천하도록 노력해야 한다.

| 우선순위를 정한다

하루 동안 해야 할 구체적인 일들을 정했다면 중요도에 따라 이들의 우선순위를 정해야 한다. 자신이 세운 계획을 실천하다 보면 지키기 힘든 경우가 생기게 마련이다. 이때 우리는 우선순위에 따라 먼저 해야 일과 나중으로 미루어야 할 일을 판단해야 한다. 따라서 우선순위를 미리 정해두는 것이 필요하다.

| 실천 여부를 확인한다

하루를 마감하기 전 자신이 세운 오늘의 계획을 잘 실천했는지 확인하는 과정이 필요하다. 확인을 통해서 실천하지 못한 계획에 대해 반성을 하고, 계획에 차질을 빚게 되었다면 차후에 계획을 조정해야 하기 때문이다.

(○: 실천하였음, △: 부족한 부분이 있었음, ×: 실천하지 못 함)

다음 예제를 보고 자신의 하루계획서를 작성해 보자.

예

실행	하루계획 세우기		날짜		
우선순위	시간	해야 할 공부 or 일	실행방법 및 범위	확인	
1	9~6시	출석 100%, 수업 열심히 듣기	노트필기 철저히 수업 전 미리 도착	△	
2	밤 10시~ 11시30분	과제: 발표자료 준비하기	PPT템플릿 만들기 발표 목차 구성하기	△	
3	저녁 7~9시	컴퓨터 교육프로그램 참여	실습한 내용 응용	O	
4	자기 전	하루 마감: 다이어리 작성 내일 계획하기	실천 여부 확인과 반성	O	
5					
고정	7~9시	기상 및 등교 준비			
고정	9~6시	학교 수업			
고정	6시~7시30분	저녁식사 및 휴식			

계획수정/추가계획	• 발표 목차구성은 내일 과제와 함께 마무리: 밤 10~12시까지
자투리 시간 활용	• 영어단어 외우기 • 도서관 책 대여: 교육학 참고도서

반성
• 1교시 수업 지각을 제외하고는 수업에 충실. • 오늘 해야 할 과제는 너무 졸려서 템플릿까지만 했음. • 공부가 잘 된 하루였음.

<table>
<tr><td>실행</td><td colspan="2">하루계획 세우기</td><td>날짜</td><td></td></tr>
<tr><td>우선
순위</td><td>시간</td><td>해야 할 공부 or 일</td><td>실행방법 및 범위</td><td>확인</td></tr>
<tr><td></td><td></td><td></td><td></td><td></td></tr>
<tr><td></td><td></td><td></td><td></td><td></td></tr>
<tr><td></td><td></td><td></td><td></td><td></td></tr>
<tr><td></td><td></td><td></td><td></td><td></td></tr>
<tr><td></td><td></td><td></td><td></td><td></td></tr>
<tr><td></td><td></td><td></td><td></td><td></td></tr>
<tr><td></td><td></td><td></td><td></td><td></td></tr>
<tr><td></td><td></td><td></td><td></td><td></td></tr>
<tr><td></td><td></td><td></td><td></td><td></td></tr>
<tr><td colspan="2" rowspan="2">계획수정/추가계획</td><td rowspan="2"></td><td colspan="2">반성</td></tr>
<tr><td colspan="2" rowspan="2"></td></tr>
<tr><td colspan="2">자투리 시간 활용</td><td></td></tr>
</table>

3. 수행

구체적인 일정이 수립되면 이에 따른 수행(실천)이 뒤따라야 한다. 그러나 수행에는 다음과 같은 요소들이 영향을 미치게 된다. 따라서 지금 내가 하려고 하는 일은 무엇인지, 이 일에 영향을 미치는 요소들은 무엇인지, 이를 관리하기 위한 방법은 어떤 것이 있는지를 찾아 계획한 대로 바람직하게 수행할 수 있도록 해야 한다.

[그림 3-3] **수행변수**

4. 반성 및 피드백

일 또는 과제를 수행하고 나면 다음의 질문을 통해 과정과 결과를 분석하고 스스로에게 피드백하여 다음 수행에 이를 반영해야 한다.

- 어떤 목표를 성취하였는가?
- 일을 수행하는 동안 어떤 문제에 직면했는가?

- 어떻게 결정을 내리고 행동했는가?
- 우선순위, 일정에 따라 계획적으로 수행하였는가?

Task 1. 성공적인 대학생활을 위한 대학생활 설계하기	
포트폴리오 구성 방법	- 목표별 연간계획을 한눈에 파악할 수 있도록 작성한다. - 월간계획은 해당 월 또는 익월을 기준으로 작성한다. - 하루계획표는 월간계획을 기준으로 작성하고, 실천 여부와 반성 및 피드백을 기술할 수 있도록 작성한다.

MEMO

MEMO

대학공부를 위한 학습전략 익히기 I

1. 나의 학습스타일

사람마다 선호하는 음악이나 음식이 있듯, 학습에도 학습자마다 선호하는 학습스타일이 있다. 학습스타일은 학습과제(task)를 다루거나 학습과정 중에서 개인이 특별히 선호하는 특성이나 방법을 말한다.

학습스타일은 학습자의 고유한 성향이기 때문에 좋고 나쁨을 말할 수 없다. 다만 자신이 어떤 학습스타일의 학습자이며, 자신의 학습스타일에 맞는 학습방법이나 전략을 찾는 것이 중요하다. 따라서 자신의 학습스타일에 맞는 학습방법을 알고 있는 것은 효과적으로 학습할 수 있는 훌륭한 무기를 가지고 학습하는 것이다.

> "최고의 학습방법은
> 자신의 학습스타일에 맞는 학습방법을 사용하는 것"

그럼 자신이 어떤 학습스타일을 가지고 있는지 확인해 보자.

1) 학습스타일 찾기

나는 적극적 학습자인가, 소극적 학습자인가?

나는 청각형 학습스타일인가, 시각형 학습스타일인가, 신체감각형 학습스타일인가?

먼저, 자신이 학습에 임할 때 적극적인 학습자인지 아니면 소극적 학습자인지 살펴보자.

일반적으로 적극적인 학습자는 자신의 목표 달성을 위해 지식과 기술을 습득하는 데 "효과적으로 학습하기 위해 무엇부터 해야 될까?" 등의 반응을 보이며 자신의 학습을 모니터하고 조절해 나간다. 반면, 소극적 학습자는 '하라는 것만 기다리거나' 정해진 절차와 방법 그리고 범위 내에서 사고하고 행동하려는 성향이 강하다.

나는 적극적인 학습자일까? 소극적인 학습자일까?

적극적 학습자		소극적 학습자	
수업시간에 집중하려고 노력한다.	□	수업시간에 딴생각에 잘 빠진다.	□
계획하여 공부한다.	□	때마다 필요한 공부를 한다.	□
수업시간에 노트필기를 한다.	□	노트필기는 집중을 방해하는 요인이다.	□
무엇이든 배우는 걸 좋아한다.	□	관심분야의 공부만 한다.	□
함께 공부하는 것이 더 잘된다.	□	혼자 공부하는 것이 더 잘된다.	□
시험을 대비해 평소에 공부해 둔다.	□	시험기간에 맞춰 열심히 공부한다.	□
활동적인 수업을 좋아한다.	□	앉아서 듣는 수업을 좋아한다.	□
공부를 위해 도움을 구한다.	□	학습문제를 스스로 해결하려 한다.	□
나만의 학습방법으로 공부한다.	□	가르쳐 주는 방법대로 공부한다.	□

나는 어떤 학습자인가? ______________________

모든 사람은 때때로 학습에 적극적일 때도, 소극적일 때도 있다. 자신이 학습에 적극적이든 소극적이든 자신이 어떠한 학습스타일의 학습자인지 인지하고, 자신에게 맞는 학습방법을 사용한다면 학습의 능률을 향상시킬 수 있다.

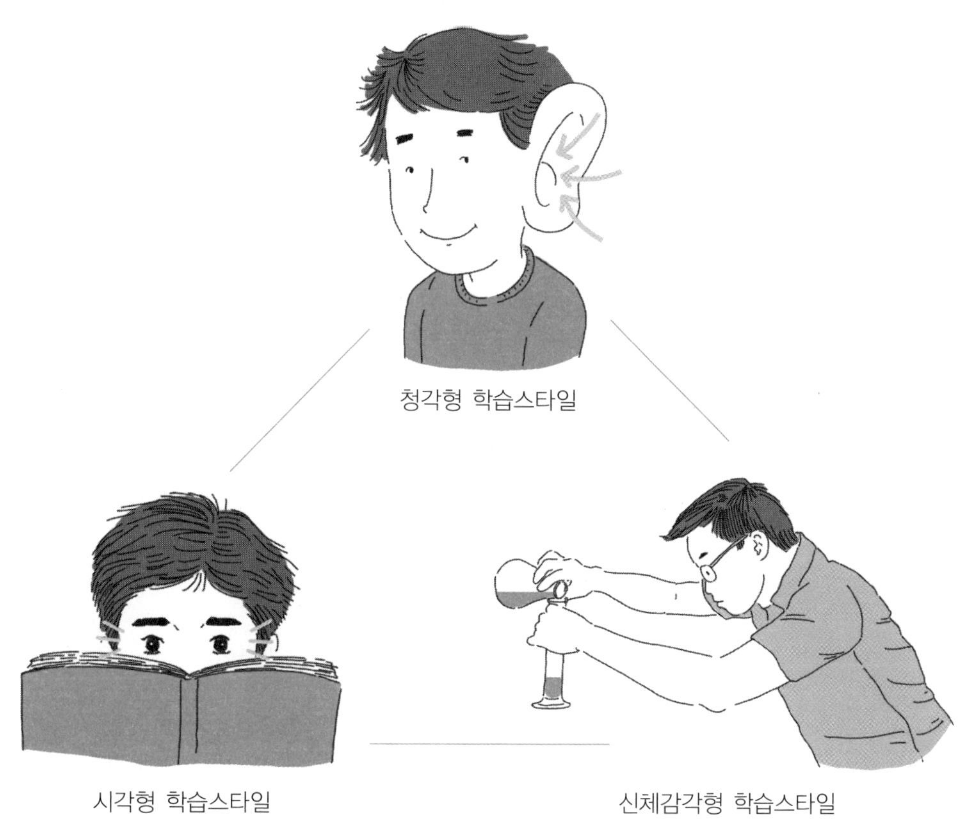

ㅣ 청각형 학습스타일은 '들음으로써' 학습의 능률을 높일 수 있는 유형

눈으로 책을 읽으며 학습하기보다는 선생님의 설명을 듣고 공부하는 것이 훨씬 더 학습의 효율을 가지고 올 수 있다.

ㅣ 시각형 학습스타일은 '봄으로써' 학습의 능률을 높일 수 있는 유형

시각적인 것에 주의집중이 잘 되므로 학습할 내용이 사진, 그림, 다이어그램 등으로 제시될 때 학습의 효율을 가지고 올 수 있다.

| 신체감각형 학습스타일은 '행함으로써' 학습의 능률을 높일 수 있는 유형

직접 몸으로 활동하고 느낄 때 학습내용을 더욱 오래 기억한다. 그래서 신체감각형 학습자는 실제로 경험하면서 학습하는 것을 선호한다. 신체감각형 학습자는 청각형 학습방법과 시각형 학습방법을 병행하여 응용하면 좋다.

"나는 청각형 학습스타일인가, 시각형 학습스타일인가, 신체감각형 학습스타일인가?"

아래 질문을 보고 자신에게 해당되는 부분을 선택해 보자.

질 문	선택
1. 내가 수업내용을 주로 많이 기억할 때는? A. 노트필기는 하지 않지만 앞쪽에 앉아 수업을 들을 때 B. 수업시간에 선생님께서 준비해 온 수업자료를 볼 때 C. 노트필기를 하면서 수업에 임할 때	
2. 보통 다음과 같은 방법으로 문제를 해결한다. A. 다른 사람에게 말하여 해결하려 함 B. 계획표를 작성하여 체계적으로 해결하려 함 C. 직접 부딪쳐서 해결하려 함	
3. 메모할 수 없을 때, 다음과 같은 방법으로 전화번호를 기억한다. A. 반복하며 말함으로써 암기 B. 머릿속으로 숫자의 순서를 외움 C. 손가락으로 번호를 한 번 써 봄	
4. 새로운 것을 배울 때 이렇게 하면 쉽다. A. 차근차근 설명을 들을 때 B. 시범을 보여줄 때 C. 내가 직접 활동할 때	
5. 영화의 이런 내용이 가장 잘 기억난다. A. 대사와 배경음악 B. 주인공의 표정, 의상, 장면 C. 영화의 내용보다 내가 느낀 감정	

6. 가게나 시장에 갈 때면? A. 구입할 목록을 입으로 외움 B. 쇼핑하면서 필요한 물건을 구입 C. 미리 구입할 목록을 작성하여 쇼핑	
7. 지금 어떠한 일을 기억하려고 한다. 그래서 나는? A. 당시에 나왔던 말들을 기억하려 함 B. 당시의 전체적인 분위기를 머릿속에 그려 봄 C. 당시에 느꼈던 감정을 느끼려 함	
8. 이렇게 하면 외국어가 가장 잘 습득된다. A. mp3를 수시로 들을 때 B. 직접 써 볼 때 C. 수업에 참여하여 읽을 때	
9. 단어의 철자가 확실히 기억나지 않을 때는? A. 소리 내어 말해 본다. B. 마음속으로 단어를 기억하려 한다. C. 단어를 여러 번 써 본다	
10. 보통 이런 글을 읽을 때 가장 재미있다고 생각한다. A. 인물들의 대화가 있을 때 B. 장면을 상상할 수 있는 묘사의 글이 있을 때 C. 액션이 포함된 내용이나 글의 전개가 빠를 때	
11. 보통 만났던 사람들에 대해 기억해 내는 것은? A. 이름, 그 사람이 했던 말 B. 얼굴, 복장 C. 버릇, 말투, 신체 동작	
12. 수면에 가장 방해가 되는 것은? A. 소리(소음) B. 조명, 불빛 C. 온도	
13. 나는 보통 이렇게 옷을 입는다. A. 옷에 별로 관심이 없다. B. 단정하게 입으려 한다. C. 활동하기에 편한 옷을 즐겨 입는다.	
14. 육체적인 일을 하거나 운동할 때 나는? A. 옆 사람과 이야기를 하거나 라디오를 청취한다. B. TV를 본다. C. 하고 있는 일에 집중한다.	

A 개수 청각형 학습스타일	B 개수 시각형 학습스타일	C 개수 신체감각형 학습스타일

가장 많이 답한 개수의 스타일이 자신의 학습스타일이다.

나의 학습스타일은? ______________________________

거의 대부분의 사람은 하나의 학습스타일에 대한 선호도가 강하다. 그러나 학습내용에 따라 또는 학습상황에 따라 선호하는 학습스타일이 달라질 수 있다. 그래서 바람직한 학습자는 여러 유형의 학습스타일을 균형 있게 가지고 있는 사람이다.

Activity 1. 팀별 서로의 학습스타일 공유하기	
진행 방법	- 자신의 스타일을 확인한 후 평소 공부 습관을 되돌아 본다. - 자신만의 효과적인 학습방법에 대해 팀원이 서로 공유한다. - 각 팀에서 나온 효과적인 학습방법에 대해 발표하는 시간을 갖는다.

2. 학습스타일에 맞는 학습방법 찾기

앞에서 자신이 어떠한 학습자에 해당하며 어떠한 학습스타일을 선호하는지 살펴보았다. 그러면 이제 자신에게 맞는 학습방법은 어떤 것들이 있는지 살펴보자.

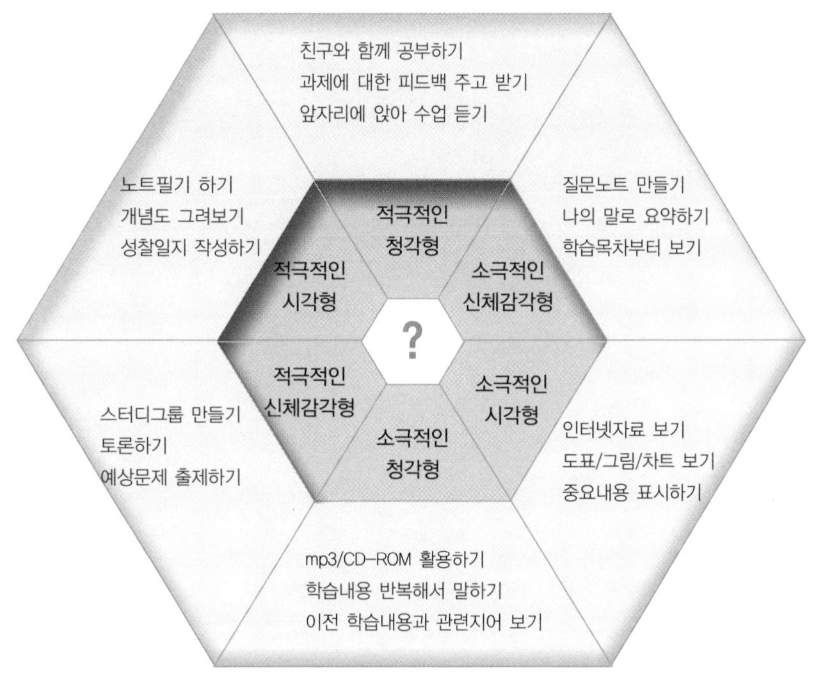

[그림 4-1] **학습스타일에 맞는 학습방법**

Task 1. 나의 학습스타일에 맞는 학습방법과 전략 찾아보기	
포트폴리오 구성 방법	- 자신의 학습스타일과 그 특성을 기술한다. - 자신의 학습스타일에 맞는 학습방법과 전략을 조사하여 제시한다. - 평소 경험을 토대로 자신이 효율적이라고 생각했던 학습방법을 구체적으로 제시한다.

MEMO

대학공부를 위한 학습전략 익히기 II

학습스타일에 맞는 학습방법이 학습을 위한 준비과정이라면, 지금부터는 학습을 효율적이며 효과적으로 수행할 수 있는 방법들을 소개할 것이다. 이에 따라 이번 장은 본격적인 학습과정에서 반드시 이루어져야 할 학습관리 방법에 대해 살펴볼 것이다.

이 책에서 소개하는 학습전략 또는 이미 사용하고 있는 자신만의 학습전략 등 학습을 돕기 위한 많은 전략이 존재한다. 그 전략들 중 가장 먼저 사용해야 하는 첫 번째 전략은 바로 학습관리다. 학습관리는 학습을 하면서 발생하는 내외적 환경 그리고 수많은 자료를 효과적으로 통제하고 처리하는 것을 의미한다. 이러한 학습관리는 효과적으로 학습하도록 도와주는 중요한 전략이 된다.

1. 효과적인 학습환경 관리

학습환경은 학습에 영향을 미치는 중요한 요소다. 학습환경은 개인마다 다르기 때문에 학습능률을 높이려면 자신의 학습환경을 살피고, 자신에게 맞는 학습환경을 찾아서 학습에 집중할 수 있는 학습환경을 마련해야 한다.

- 학습에 방해가 되는 요인들을 제거해야 한다

학습에 방해가 되는 요인들이 무엇인지 살피고, 그 방해요인을 제거한 상태에서 학습을 시작해야 한다. 예를 들어, 핸드폰이 학습의 방해요인이라면 학습 시작에 앞서 핸드폰을 잠시 꺼 두고 학습을 해야 한다.

- 공부가 잘되는 시간과 장소를 지정해야 한다

시간과 장소를 가리지 않고 집중력을 발휘하는 몇몇 사람을 제외하고는 실제로 많은 사람이 시간과 장소에 영향을 받는다. 또한 개인마다 학습에 집중력을 높일 수 있는 시간과 장소가 다르기 때문에 자신에게 맞는 규칙적인 시간과 적합한 장소를 정해 두는 것이 학습능률을 높일 수 있다.

- 학습공간은 깨끗해야 한다

정리되지 않은 책들과 먼지가 가득한 책상에서의 공부는 학습의욕을 떨어뜨린다. 언제라도 앉아서 공부할 수 있도록 책상을 정리정돈 해 두어야 한다. 특히 집중력이 약한 학습자라면 학습공간을 더욱 깨끗이 하는 습관을 가져야 한다.

- 학습에 어려움이 있을 때 도움을 요청할 대상을 정해 둔다

학습을 하다 보면 어려운 점이 생기게 마련이다. 이럴 경우를 대비해 친구나 선배 등 도움을 요청할 대상을 정해 놓고 도움을 요청한다. 또한 이 대상자와 함께 공부할 수 있는 규칙들 만들어 놓고 평소에 함께 공부할 수 있도록 한다.

• 나에게 맞는 학습환경을 찾는다

| 공부에 방해되는 물건 또는 상황이 무엇인지 생각해 본다

예) 컴퓨터, 휴대폰, TV, 친구, 음주

| 공부가 잘되기 위해 갖춰야 할 중요한 조건이 무엇인지 생각해 본다

예) 조용할 때, 따뜻할 때, 밝은 조명이 있을 때, 음악이 흐를 때

| 공부가 잘되는 규칙적인 시간과 장소를 정한다

예) 오후 4~6시 사이 도서관에서, 밤 9시 이후 내 방에서, 아침에 강의실 책상에서

| 함께할 때 학습이 잘되는 대상자를 정한다

예) 혼자, 친구 한 명, 여럿이 함께

다음 예제를 보고 자신에게 맞는 학습환경을 찾아보자.

예

조건(condition)	학습할 때 갖춰야 할 조건은 무엇인가?	조용하고 밝은 조명
어디서(where)	학습이 잘되는 장소는 어디인가?	내 방
언제(when)	학습이 잘되는 시간은 언제인가?	저녁 7~11시 사이
누구(who)	함께할 때 학습이 잘되는 대상자는 누구인가?	혼자 또는 마음이 맞는 친구
방해요인	나의 학습을 방해하는 요인은 무엇인가?	핸드폰
나에게 맞는 최적의 학습환경	나는 조용하고 따뜻한 내 방에서 저녁 7~10시 사이에 혼자 또는 OO와 함께 공부할 때 공부가 잘된다. 단, 이 때 학습에 방해가 되는 핸드폰은 꺼 놓아야 한다.	

조건(Condition)	학습할 때 갖춰야 할 조건은 무엇인가?	
어디서(Where)	학습이 잘되는 장소는 어디인가?	
언제(When)	학습이 잘되는 시간은 언제인가?	
누구(Who)	함께할 때 학습이 잘되는 대상자는 누구인가?	
방해요인	나의 학습을 방해하는 요인은 무엇인가?	
나에게 맞는 최적의 학습환경		

2. 효과적인 학습자료 관리

학교 수업을 통해 또는 개인 공부를 하다 보면 과목별 교재, 문제집, 참고도서, 유인물, 과제물, 시험지, 학습성찰일지 등과 같은 다양한 학습자료가 생긴다. 이러한 다양한 학습자료가 평소에 관리되어 있지 않으면 필요할 때 제대로 활용하기 어렵다. 학습자료 관리를 통해 학습자료를 중요한 내용을 중심으로 일목요연하게 정리해 둔다면 학습자료는 자신만의 학습자산이 된다.

• 학습자료 관리 방법

| 노트와 파일(바인더)을 과목별로 준비해 둔다

해당 교과목별로 노트와 파일을 각각 준비한다. 노트에는 수업의 핵심내용을 중심으로 필기(7장 참고)하며, 파일에는 해당 교과목에서 발생하는 여러 학습자료(예: 유인물, 과제물, 시험지, 학습성찰일지 등)를 날짜 별로 기록하여 모아 둔다. 또한 노트도 파일에 함께 끼워 두고 필요할 때 꺼내서 필기하도록 한다. 이때 너무 두껍지 않은 노트를 사용하는 것이 좋다. 이렇게 과목별 노트와 파일을 함께 사용하면 학습을 위한 자료수집에 시간을 따로 할애할 필요

없이 노트와 파일만으로도 중요한 내용의 학습을 충분히 할 수 있게 된다.

| 해당 교과목의 강의계획서를 파일 앞면에 붙여 놓는다

강의계획서에는 한 학기 동안 배우게 될 주차별 수업내용, 수업방법, 평가방법, 제출해야 할 과제, 그 밖에 일정 등이 소개되어 있다. 강의계획서를 파일 제일 앞면에 붙여 놓으면 자신이 제출해야 할 과제내용이 무엇인지 파악할 수 있으며, 필요한 자료가 무엇인지 또 어떤 자료를 활용하면 되는지도 쉽게 파악할 수 있다.

| 수업시간에 제공된 유인물은 해당 교과목 파일에 끼워 둔다

학습자료들 중 유인물은 교과 담당교수가 중요한 내용을 선별해 정리해 놓은 것이므로 날짜와 함께 반드시 파일에 끼워 두어야 한다. 또한 이것은(유인물은) 교과서에 생략된 중요 내용임으로 소홀히 다루지 말아야 한다.

| 시험지는 과목별로 파일에 정리해 둔다

시험을 치른 후 문제지는 버리지 말고 파일에 따로 보관해 둔다. 한 번 본 시험이니 다시 볼 필요 없다고 생각하면 잘못된 생각이다. 해당 문제지로 다음 시험의 문제유형을 파악할 수 있고, 만약 해당 교과목이 중요한 자격증 시험과 관련된 교과목이라면 출제된 문제로 자격증 기출문제도 예상할 수 있다.

| 시험에 나왔던 문제를 노트에 표시해 둔다

시험에 나왔던 문제를 노트에 따로 표시해 둔다. 조금 귀찮은 일이 될 수도 있지만 이렇게 하면 추후 해당 교과목에 대한 내용을 다시 훑어보아야 할 때, 어떤 방향에 초점을 두어서 학습해야 할지 방향을 제시할 수 있다.

| 수행한 과제는 날짜를 표시하여 해당 교과목 파일에 끼워 둔다

수행한 과제는 버리지 말고 파일에 따로 모아 둔다. 수행한 과제를 통해 과제의 부족한 점을 파악하고 다음에 수행할 과제에 대해 반성의 기회를 삼을 수 있다. 또한 이렇게 모아 둔

하나하나의 과제들이 자신의 학습포트폴리오를 만드는 중요한 자료들이 된다.

3. 시험관리

시험은 학습목표의 달성 여부를 확인하는 데 목적이 있다. 우리는 시험을 통해 주요 내용을 학습함으로써 좀 더 풍부한 학습을 경험하게 되고 더불어 자신의 능력도 함께 평가할 수 있다. 따라서 시험을 잘 준비하고 잘 치르기 위한 전략이 필요하다. 이 전략이 바로 시험관리다. 시험관리는 시험을 위한 준비과정에서부터 시험을 치르고 난 후까지 시험에 관한 전반적인 사항을 조직하고 통제하는 것이다.

• 효율적인 시험관리 방법

Step 1. 시험공부 계획하기

시험공부 준비는 최소 1주 전부터 시험정보(일시, 과목, 시험범위)를 토대로 실행 가능한 계획을 세우는 것이다. 여기서 실행 가능한 계획이란 학습할 시간과 과목 그리고 학습자료에 대한 분량까지 구체적으로 정해놓고 그대로 실천할 수 있는 계획을 말한다.

Step 2. 정보 수집하기

시험이 있는 주 직전 수업시간에는 빠지지 말고 꼭 참석하도록 한다. 이 시간에는 시험에 대한 중요한 정보(시험범위, 중요한 내용, 채점기준 등)를 가장 많이 얻을 수 있기 때문이다.

Tip 선배의 도움을 얻거나 또는 친구와 자료 공유를 통해 최대한 많은 학습자료를 구하도록 한다.

Step 3. 노트 살펴보기

평소에 노트필기를 잘해 두었다면, 노트야말로 시험을 위한 최고의 자료가 된다. 교재와 함께 노트필기를 중심으로 공부하도록 한다.

Step 4. 문제 풀기

개념 중심으로 공부를 하였다면, 내가 이해한 개념이 맞는지 확인하는 차원에서 반드시 문제를 풀어 보는 과정이 필요하다. 이렇게 하면 자신이 학습한 개념을 좀 더 명확히 할 수 있기 때문에 실전에서 함정에 빠지는 일이 줄어들게 된다.

Step 5. 시험 치르기

- 시험시간 10분 전에 미리 도착하여 마음의 준비를 한다.
- 어려운 문제는 일단 넘어가고 쉬운 문제부터 확실하게 풀어 놓는다.
- 답이 확실하지 않은 문제에 대해 별도로 체크해 두도록 한다.
- 글씨는 최대한 깨끗하게 쓰도록 한다.
- 시험 마지막은 잘못 체크한 답이 없는지 반드시 검토하고 마무리한다.

Step 6. 시험과정과 결과에 대해 성찰하기

다음 시험에 대비해 이번 시험에서 문제가 있었던 부분과 개선방법에 대해서 생각해 보아야 한다.

시험시간표를 기준으로 시험공부 계획을 세워 보자.

예

월			화			수			목			금			토			일		
과목	자료	범위	과목	자료	범위	과목	자료	범위	과목	자료	범위	과목	자료	범위	과목	자료	범위	과목	자료	범위
영어	교재 문제집	p.10~30 p.100~120	교육학	교재노트	p.5~50	영상편집	교재기출	p.1~48 10회	교육평가	교재노트	p.10~42	자료조직	교재노트	p.8~35	정보기술	교재 문제집	p.9~45 p.10~22	심리	교재노트	p.11~50
시간계획/주의점			시간계획/주의점			시간계획/주의점			시간계획/주의점			시간계획/주의점			시간계획/주의점			시간계획/주의점		
7~10시: 교재 10시 이후: 문제집 기출문제 많이 풀어보기			7~12시: 교재 개념 중심으로 공부			7~11시: 교재 11시 이후: 기출모의고사 실습			7~11시: 교재 용어 구별에 주의			7~11시: 교재 개념 중심으로 공부			7~11시: 교재 11시 이후: 문제집			7~11시: 교재		

월			화			수			목			금			토			일		
과목	자료	범위	과목	자료	범위	과목	자료	범위	과목	자료	범위	과목	자료	범위	과목	자료	범위	과목	자료	범위
시간계획/ 주의점			시간계획/ 주의점			시간계획/ 주의점			시간계획/ 주의점			시간계획/ 주의점			시간계획/ 주의점			시간계획/ 주의점		

<table>
<tr><th colspan="2">Task 1. 중간고사 시간표에 따른 시험공부 계획하기</th></tr>
<tr><td>포트폴리오
구성 방법</td><td>– 중간고사 시험시간표를 제시한다.
– 시험시간표를 기준으로 2주 전에 시험계획표를 작성한다.
– 이때 요일별로 해야 할 과목과 과목별 자료, 범위, 시간계획까지 구체적으로 제시한다.
– 학습방법 또한 제시한다.</td></tr>
</table>

대학공부를 위한 학습전략 익히기 III

대학에서는 '숙제'라는 말보다는 '과제' 또는 '리포트'라는 말을 많이 사용하게 된다. 숙제는 예습이나 복습을 위해서 학교에서 내주는 것이라고 할 수 있고, 과제는 해결해야 할 문제라고 할 수 있다.

중 · 고등학교 때의 숙제를 한번 떠올려 보면, 수학문제 풀기, 영어 단어 찾기 그리고 사건에 대한 사실 조사하기 등과 같이 단순히 내용을 찾거나 정리하는 수준이라고 할 수 있다. 하지만 대학에서 요구하는 것은 단순히 학습내용에 대한 예습과 복습이 아니라 새로운 사실을 조사하고 그것에 자신의 생각을 조금 덧붙이는 것이라고 할 수 있다. 한 시간만에 다른 사람의 과제를 베끼거나, 쉽게 자료를 찾아서 정리하는 수준을 넘어서 나의 것으로 만드는

것이 과제인 것이다. 하지만 과제수행이 익숙하지 않은 학생들에게는 과제 자체가 부담으로 다가올 수 있다.

> Check list와 Time table의 활용은
> 효과적이고 효율적이며 전문적인 과제수행의 첫걸음

1. 과제수행 절차

단기간에 과제를 해결하려고 하면 과제의 질이 떨어지게 된다. 중 · 고등학교 때의 '수행평가'나 '숙제'는 선생님께 제출하기만 하면 만점을 받을 수 있었다. 하지만 대학에서의 과제는 제출한다고 해서 만점을 주지는 않으며, 학생들의 실력에 따라서, 과제의 수준에 따라서 점수가 달라진다. 그렇다면 과제를 효과적으로 잘 수행하기 위해서는 어떻게 해야 할까? 구체적으로 살펴보자.

[그림 6-1] **과제수행 절차**

Step 1. 무엇을 해야 하는가

수업시간에 교수님이 과제를 제시하면 가장 먼저 해야 할 일은 내가 무엇을 해야 하는지에 대해 파악하는 것이다. 과제가 요구하는 핵심이 무엇인지, 언제까지 마무리해야 하는지에 대해서 정확하게 파악하는 것이다. 과제에 따라 일주일의 기간이 주어질 수도 있고, 어떤 과제의 경우는 한 달간 이루어 질 수 있으며, 또 다른 과제는 한 학기 내내 이루어 질 수 있다. 과제의 기간에 따라서 과제를 위해 할 일과 시간계획이 달라질 수 있기 때문에 과제제출 기한을 파악하는 것은 중요하다. 그리고 과제 예상 점수와 과제를 하기 위한 나만의 다짐을 작성하여 과제를 하면서 초심을 잃지 않도록 한다.

Step 2. 어떻게 해야 하는가

과제가 무엇인지 그리고 만기일이 언제인지 확인했다면, 다음으로는 과제를 위해 내가 해야 할 일이 무엇인지 확인한다. 이때 가장 효과적으로 활용할 수 있는 것이 '체크리스트' 다. 사소한 것까지 체크리스트를 만들어서 활용해 보자. 체크리스트는 한 번만 작성하는 것이 아니라 과세를 수행하는 동안 지속적으로 추가할 수 있다. 그리고 마무리된 일을 '체크'하면서 나의 과제진행 정도를 파악할 수 있다.

체크리스트(할 일 목록)가 완성되면 이제 그 일을 언제 수행할 것인지에 대한 시간계획을 세우도록 한다. 수업시간을 제외한 나머지 시간을 어떻게 효과적이고 효율적으로 사용할 수 있을지, 과연 얼마의 시간을 투자할 수 있을 지에 대해서 구체적인 시간계획을 세우도록 한다. 물론 시간계획 또한 일정에 따라 바뀔 수 있는 부분이긴 하지만, 한 번 계획한 시간대에 과제를 끝내려고 노력하는 것이 중요하다. 막연하게 할 일만을 작성해 놓고 시간계획을 세우지 않으면 마지막까지 과제를 질질 끌게 되어 과제의 질이 떨어질 수밖에 없다.

Step 3. 필요한 것은 무엇인가

과제를 본격적으로 작성하기 전에 과제에 필요한 자료가 있다는 것을 알게 될 것이다. 그리고 작성한 '할 일 목록'에 자료 서치가 당연히 포함되어 있을 것이다. 과제는 하나의 자료만 활용하는 것보다 다양한 자료를 활용하여 나의 생각을 만들어 내는 것이 중요하다. 과제를 수행하기 위해 필요한 자료목록을 작성해 보고, 자료를 서치한다. 막연히 과제와 연관된 자료를 서치하기에는 자료가 너무 방대하기 때문에 나에게 필요한 목록을 작성하여 자료를 서치하는 것이 효율적인 '자료서치 방법'이라고 할 수 있다.

필요한 자료목록을 작성 한 후, 언제 자료서치를 하면 좋을지 다시 한 번 시간계획을 작성해 보도록 한다. 자료서치는 인터넷에서 할 수 있고, 필요한 도서와 인쇄물은 도서관을 이용하여 빠르고 쉽게 찾을 수 있다. 인터넷에서는 다양한 자료가 광범위하게 제공되지만 자료의 출처가 명확한 것만 활용하는 것이 좋고, 인터넷의 자료보다는 도서나 학술지 같은 전문자료를 활용하는 것이 좋다. 그리고 참고한 인터넷 자료의 주소, 도서와 학술지의 리스트는 꼭 작성해 두도록 한다.

Step 4. 어떻게 완료할 것인가

나에게 필요한 자료서치가 끝나면 이제 과제를 완료해야 한다. 파일로 작성하는 것일 수도 있고, 무언가를 만들어 내는 것일 수도 있다. 각 수업의 교수님이 요구한 대로 최종 과제물을 완성하기만 하면 된다.

최종 과제물에는 학번과 이름을 필수적으로 기입하도록 한다. 1차 과제를 완료했다고 해서 끝난 건 아니다. 오탈자가 없는지, 잘못된 부분은 없는지, 부족한 부분은 없는지 다시 한 번 검토해야 한다. 과제제출 기한에 여유가 있다면 담당 교수님을 찾아가 피드백을 받는 것도 좋은 방법 중 하나다. 과제의 목적과 과제의 내용이 일치하는지, 교수님이 요구한 모든 내용이 포함되었는지 등과 같이 과제를 한 번 더 검토하고 과제를 제출하기 전까지 지속적으로 수정하면서 과제를 완료한다.

과제수행 시 다음과 같이 과제수행일지를 작성하여 수행된 과제와 함께 보관해 두자.

<table>
<tr><th colspan="6">과제수행일지</th></tr>
<tr><td>과목</td><td></td><td>담당
교수</td><td>교수님</td><td>수업
시간</td><td></td></tr>
<tr><td>과제제출
기한</td><td colspan="3">월 일~ 월 일
(총 일)</td><td>예상
점수</td><td></td></tr>
<tr><td>과제</td><td colspan="5"></td></tr>
<tr><td>필요한
자료목록</td><td colspan="5"></td></tr>
<tr><td rowspan="12">할 일 목록</td><td colspan="2">To DO List</td><td colspan="3">When(Time table)</td></tr>
<tr><td colspan="2">•</td><td colspan="3">•</td></tr>
<tr><td colspan="2">•</td><td colspan="3">•</td></tr>
<tr><td colspan="2">•</td><td colspan="3">•</td></tr>
<tr><td colspan="2">•</td><td colspan="3">•</td></tr>
<tr><td colspan="2">•</td><td colspan="3">•</td></tr>
<tr><td colspan="2">•</td><td colspan="3">•</td></tr>
<tr><td colspan="2">•</td><td colspan="3">•</td></tr>
<tr><td colspan="2">•</td><td colspan="3">•</td></tr>
<tr><td colspan="2">•</td><td colspan="3">•</td></tr>
<tr><td colspan="2">•</td><td colspan="3">•</td></tr>
<tr><td colspan="2">•</td><td colspan="3">•</td></tr>
<tr><td>과제를 위한
다짐</td><td colspan="5">•
•
•</td></tr>
</table>

팀별 과제수행 시 다음과 같이 일지를 작성하여 수행된 과제와 함께 보관해 두자.

<table>
<tr><th colspan="6">팀 과제수행일지</th></tr>
<tr><td>과목</td><td colspan="2"></td><td>담당
교수</td><td>교수님</td><td>수업
시간</td><td></td></tr>
<tr><td>과제제출
기한</td><td colspan="4">월 일~ 월 일
(총 일)</td><td>예상
점수</td><td></td></tr>
<tr><td>과제</td><td colspan="6"></td></tr>
<tr><td>필요한
자료목록</td><td colspan="6"></td></tr>
<tr><td rowspan="5">팀원 및
역할분담</td><td colspan="3">팀원:</td><td colspan="3">역할:</td></tr>
<tr><td colspan="3">팀원:</td><td colspan="3">역할:</td></tr>
<tr><td colspan="3">팀원:</td><td colspan="3">역할:</td></tr>
<tr><td colspan="3">팀원:</td><td colspan="3">역할:</td></tr>
<tr><td colspan="3">팀원:</td><td colspan="3">역할:</td></tr>
<tr><td rowspan="10">할 일 목록</td><td colspan="3">To DO List</td><td colspan="3">When(Time table)</td></tr>
<tr><td colspan="3">•</td><td colspan="3">•</td></tr>
<tr><td colspan="3">•</td><td colspan="3">•</td></tr>
<tr><td colspan="3">•</td><td colspan="3">•</td></tr>
<tr><td colspan="3">•</td><td colspan="3">•</td></tr>
<tr><td colspan="3">•</td><td colspan="3">•</td></tr>
<tr><td colspan="3">•</td><td colspan="3">•</td></tr>
<tr><td colspan="3">•</td><td colspan="3">•</td></tr>
<tr><td colspan="3">•</td><td colspan="3">•</td></tr>
<tr><td colspan="3">•</td><td colspan="3">•</td></tr>
<tr><td>과제를 위한
다짐</td><td colspan="6"></td></tr>
</table>

Activity 1. 평소 자신의 과제수행 절차에 대해 발표하기	
진행 방법	- 평소 자신이 과제수행을 어떻게 했는지 생각해 보게 한 후 발표하는 시간을 갖는다. - 효과적이라고 생각하는 방법에 대한 경험을 발표하는 시간을 갖는다.

Task 1. 전공교과에서 할당된 과제에 대한 과제수행일지 작성하기	
포트폴리오 구성 방법	- 과제에 반드시 포함되어야 할 주요 조건에 대해 생각한다. - 과제수행에 필요한 자료를 생각한다. - 과제수행에 대한 중요 절차와 방법을 나열한다. - 각 절차에 대한 수행일정을 정한다.

2. 학습성찰

성찰(reflection)은 자기 자신이 한 일을 마음속으로 되살피고 반성하는 사고과정을 의미한다. 자신이 한 행위에 대해 반성하는 과정은 이전과는 다른 행위로의 변화 또는 발전을 유도하는 것이라 볼 수 있다. 그렇다면 학습성찰은 학습자가 자신의 학습과정과 결과에 대해 반성하고 평가하는 사고과정이라 할 수 있으며, 이러한 학습성찰은 학습경험을 유의미하게 생성하고 지식구성을 확장시키는 데 필수적인 요소다.

"학습성찰은 학습자의 변화와 발전을 유도하는 필수과정"

1) 학습성찰 효과

- 학습과정에 능동적으로 참여할 수 있도록 한다.
- 학습과정에서 성찰을 통해 자기조절기능과 사고과정을 개발시키는 역동적 · 생성적 학습을 기대할 수 있다.
- 학습자는 자신의 기존 지식구조의 변화와 수정을 이룰 수 있다.
- 학습과정에서의 자신을 평가할 수 있다.
- 다음의 학습행동 계획을 결정할 수 있다.

2) 학습성찰 방법

학습성찰은 학습행위에 대한 자기반성과 자기평가를 하는 사고과정이므로, 학습성찰을 하기 위해 반드시 따라야 하는 방법이 있는 것은 아니다. 그렇지만 학습성찰 과정에서 다음과 같은 질문을 떠올리면 좀 더 풍부한 학습성찰을 할 수 있다.

학습내용 측면의 성찰

- 이번 학습을 통해 무엇을 배웠나?
- 수업시간에 어려웠던 내용은 무엇이었나?
- 앞으로 내가 더 알고 싶은 것은 무엇인가?
- 수업시간에 질문하고 싶은 것은 무엇이었나?
- 부족한 점을 다음에 어떻게 보강할 것인가?

학습과정 측면의 성찰

- 학습과정은 어떠했나?
- 이번 학습과정을 통해 무엇을 느꼈나?
- 이번 학습에서 나의 부족한 부분은 무엇이었나?
- 팀 활동에서 나의 기여도는 어느 정도인가?

• 실제 상황에서 오늘과 유사한 활동을 한다면 어떻게 할 것인가?

3) 학습성찰일지 작성

다음의 성찰일지 작성 예시를 보고 자신의 학습성찰일지를 작성해 보자.

예

강의 일자		학번/이름	
강의명	교육학개론	강의 주제	교육의 개념
학습목표			

이번 학습을 통해 무엇을 배웠나?
교육이라는 개념과 교육의 실제와 과제, 앞으로 교육의 발전방향에 대해 알아보고 교육자의 전문성과 자질에 대해 학습했다.
학습이 어떤 과정으로 이루어졌는가?
교재를 위주로 하였으며, 동영상 강의를 중심으로 이루어졌다.
수업시간에 어려웠던 내용은 무엇이었나?
교육의 정의가 광범위하게 설명된 것 같았다. 그다지 학습에는 어려움이 없었다.
앞으로 내가 더 알고 싶은 내용은 무엇인가?
'오늘 학습한 내용보다 교육이란 무엇인가?'를 더욱더 탐구하고 이해하고 싶다.
배운 내용을 적용할 수 있는 것은 무엇인가?
교육에 대한 나만의 정의를 내려 보면 좋을 것 같다.
오늘 학습에서 나의 부족한 부분은 무엇인가?
동영상 강의라 딴짓을 많이 한 것 같다.
오늘 학습과정을 통해 무엇을 느꼈나?
동영상 강의를 들을 땐 좀 더 집중하도록 노력해야겠다.
기타

학습성찰일지

강의 일자		학번/이름	
강의명		강의 주제	
학습목표			

이번 학습을 통해 무엇을 배웠나?
학습이 어떤 과정으로 이루어졌는가?
수업시간에 어려웠던 내용은 무엇이었나?
앞으로 내가 더 알고 싶은 내용은 무엇인가
배운 내용을 적용할 수 있는 것은 무엇인가?
오늘 학습에서 나의 부족한 부분은 무엇인가?
오늘 학습과정을 통해 무엇을 느꼈나?
기타

대학공부를 위한 학습전략 익히기 Ⅳ

1. 요약과 노트필기

우리가 수업시간에 받아들이는 정보는 얼마나 될까? 여러분은 수업시간에 배운 내용을 다 기억하고 적용할 수 있는가? 아무리 머리가 좋고 똑똑한 학생이라도 수업시간에 보고 들은 내용을 다 기억하는 것은 불가능하다. 그렇다면 교수님의 말씀 또는 수업내용을 그대로 노트에 받아 적어야 할까? 그건 너무 어리석은 짓이다. 노트필기는 수업내용을 효과적으로 요약하는 것과 동시에 배운 내용을 구조화하여 내가 알기 쉽도록 재정리하는 것이다. 잘 정리된 나만의 노트는 100가지 다른 자료보다 나에게 더 좋은 정보원이 된다.

"중요한 내용을 쏙쏙 골라 놓은 나만의 교과서를 만드는 가장 좋은 방법은 노트필기를 제대로 하는 것"

1) 요약하는 방법

요약이란 말이나 글의 요점을 잡아서 간추리는 것을 의미한다. 즉, 글을 정확하게 파악하고 분석하여 간단히 압축하는 것이라고 할 수 있다. 흔히 책을 읽고 난 뒤 줄거리를 이야기하라고 할 때, 우리는 책의 핵심내용을 요약해서 다른 사람들에게 전달한다. 요약을 한다는 것은 교재의 모든 내용, 즉 읽은 것을 머릿속에 체계적으로 정리하는 것이다.

그럼 요약을 잘하기 위한 단계는 어떻게 될까?

Step 1. 목차보기

Step 2. 훑어보기

Step 3. 주요내용 정리하기

우선 교재의 내용을 읽어 보기 전에 먼저 목차를 한번 훑어보는 것이 중요하다. 목차를 살펴보면서 '어떤 내용이 어떤 흐름으로 흘러가겠구나'라고 먼저 생각해 보는 것이 중요하기 때문이다. 다음으로는 교재를 꼼꼼하게 읽어 봐야 한다. 글의 흐름이 어떻게 될 것인지 파악된 후이기 때문에 무작정 교재를 읽는 것보다 더 쉽게 내용을 이해할 수 있다. 한 번 읽고 난 후에는 이제 요약의 핵심단계인 주요내용을 정리해야 한다. 하나의 문단에서 이야기하고자 하는 내용이 무엇인지 파악한 후, 핵심내용을 요약하거나 주요개념의 의미를 정리할 수도 있다.

읽기를 위한 tip
- 핵심내용(중요한 개념)을 파악
- 중요한 내용에는 밑줄 긋기

밑줄 긋기 tip
- 밑줄 긋기는 한 번 읽은 후에
- 밑줄 긋기 전 제목과 주제에 맞는지 확인할 것

[그림 7-1] **요약하는 방법**

요약을 잘 하기 위해서는 일반화의 방법, 재구성의 방법, 긴밀성의 원칙을 꼭 알고 있어야 한다. 일반화의 방법이란 제거해도 크게 문제되지 않는 뒷받침 문장이나 보조 단락의 장황하고 구체적인 내용을 제거하고, 일반적이고 추상적인 진술로 일반화하는 방법이다. 여기서는 사소한 내용, 불필요한 내용, 구체적인 예시나 부연 등의 문장을 걸러 내고 가장 중심적인 내용을 추려 내는 작업이 필수적이다. 이때 중요한 내용이라 할지라도 반복되는 것이 있으면 아울러 걸러 내야 한다.

재구성의 방법이란 글의 중심내용이 명확하게 드러나지 않거나, 주제가 중첩되어 하나가 아닐 때 혹은 중심내용이 여기저기 분산되어 있을 때 작자의 의도를 파악하여 글의 주제를 재구성하는 방법이다. 그러나 이 방식은 문단 정도의 짧은 글 요약에는 효과가 있겠으나, 한 편의 이야기나 긴 글에는 대응하기 곤란한 점이 있다. 마지막으로, 긴밀성의 원칙이란 단어와 단어, 문장과 문장 사이의 관계라든가, 문단과 문단 사이의 관계를 살펴서 자연스러운 연결고리를 만들어 요약하는 방법이다.

그럼 교재의 내용을 잘 요약하기만 하면 되는 걸까? 수업을 위해서, 학습을 위해서 우리가 '요약을 한다'라고 이야기 하는 것은 '노트필기를 한다'는 것과 같은 의미라고 할 수 있다. 요약한 내용을 나만의 비법노트로 만들어 가지고 있다면 시험 기간에 두꺼운 교재를 보는 것이 아니라 나의 노트에 기록되어 있는 핵심내용을 중심으로 볼 수 있기 때문에 시험공부 시간을 축소할 수 있다.

2) 노트필기의 개념과 장점

노트필기는 중요한 학습기술의 하나로 학습내용을 스스로 정리하여 기록해 두는 것을 의미한다. 즉, 교재를 읽고 핵심내용을 요약하여 기록하는 것이라고 할 수 있다. 그럼 우리는 왜 노트필기를 해야 할까? 노트필기는 공부와 시험에 필요한 자료를 스스로 만드는 것이며, 동시에 배운 내용을 자기 것으로 만드는 과정이다. 또한 노트필기는 보다 적극적으로 학습할 수 있도록 해 주고 중요한 것과 중요하지 않는 내용, 필요한 내용과 필요하지 않은 내용을 구분하게 해 줌으로써 비판적 사고, 체계적인 사고를 할 수 있도록 도와준다. 또한 노트필기를 하면 예습과 복습의 기회가 주어지게 되고, 이러한 노트필기는 기억, 학습, 진학 및

취업 등 삶의 여러 영역에서 유용한 자원이 될 수 있다.

학습에 효과적인 노트필기를 하기 위한 기본적인 나의 자세를 한 번 점검해 보자.

질문	Yes	No
나는 과목별로 각기 다른 노트 또는 구획이 나눠진 노트를 사용한다.		
나는 노트에 수업일자와 학습내용을 기록해 둔다.		
나는 노트필기를 할 때 연필보다는 볼펜을 사용한다.		
나는 노트나 교재에 강의내용의 핵심을 기록한다.		
나는 교수님의 행동이나 말을 통해 핵심내용에 대한 단서를 찾는다.		
나는 새로운 학습내용을 기존의 것과 관련짓기 위해 노력하고 의문점에 대해서 질문한다.		
나는 수업 전에 학습해야 할 내용을 대략적으로 파악하여 이에 적합한 필기 방식을 동원한다.		
나는 노트필기를 하면서 약기법(略記法)이나 기호 등을 사용한다.		
나는 노트필기를 하면서 이해가 불분명하거나 충분하지 않은 경우에는 여백을 많이 남겨 둔다.		
나는 모든 수업에 빠지지 않고 참석한다.		
나는 수업이 끝난 후 바로 복습하면서 노트필기를 한다.		

나의 노트필기 습관은 어떠한가? 앞의 체크리스트는 우리가 노트필기를 하면서 유의해야 할 사항을 제시하고 있다. 위의 내용을 다시 한 번 살펴보면서 노트필기를 할 때 어떻게 해야 하는지 살펴보기 바란다.

수업 전	- 앞서 배운 시간의 노트 내용 훑어보기 - 교재, 필기구 등 필요한 자료 준비하기 - 경청하고 필기할 적극적인 마음 자세 갖추기 - 조직화할 준비하고 수업에 임하기
수업 중	- 주제와 핵심어 적기 - 중요한 세부내용을 적기 - 강조하는 내용과 단서에 주목하기 - 여백을 남겨 두고 기록하기 - 적절히 질문하기 - 수업이 마무리될 때까지 필기에 충실하기

수업 후	- 수업 중에 하지 못한 질문하기 - 기록하지 못한 것에 대해 친구들에게 도움 받기 - 하루를 마무리하기 전에 필기내용 복습하기 - 하루를 마무리하기 전에 필기내용을 고치거나 보충하기

3) 코넬의 노트필기법

코넬식 노트 필기법은 1960년대 코넬 대학에서 학생들에게 가장 효과적인 필기법을 연구하여 개발한 방법이다. 그 후 전 세계에서 이 방법을 이용해 필기를 하고 있으며 우리나라에서도 여러 대학에서 그 활용법을 소개하고 있다. 이 노트필기법은 우리가 흔히 접하고 있었기 때문에 노트를 잘 활용하는 팁을 조금만 익힌다면 효과적인 노트필기를 할 수 있다. 코넬의 노트필기법을 효과적으로 활용할 수 있는 팁을 5R이라고 부른다.

- Record(기록): 교수님의 강의나 칠판에 쓰는 내용을 경청하면서 강의의 중요한 내용만을 필기한다. 읽기 쉽고 간결하게 적어야 한다.
- Reduce(축약): 강의에서 전체적인 것과 세부적인 것을 구분하여 요약하면서 필기한다. 기본 노트내용을 줄여서 키워드를 만들어 좌측의 공간에 적어 넣는다. 중요한 단서를 확인하고 요점을 파악하며 밑줄을 긋고 질문은 단서 칼럼에 기록한다.
- Recite(암송): 노트의 내용 중 키워드만 보면서 그 내용을 암송해 본다. 단서 칼럼에 메모한 것을 가지고 자신의 표현으로 이야기해 본다.
- Reflect(성찰): 완전히 이해하기 위해서 필기내용을 곰곰이 다시 생각해 본다. 노트를 다시 읽어 보면서 빠진 부분이 없는지 확인하고, 있다면 기록 칼럼과 단서 칼럼에 채워 넣도록 한다. 그리고 불필요한 부분이 있다면 삭제하도록 한다.
- Review(복습): 기억과 암기를 위해서는 반복적인 복습이 필요하다. 이때 노트의 왼쪽 여백에 적어 놓은 핵심단어나 단서를 보고 오른쪽의 내용을 기억해 내는 방법은 매우 효과적이다.

코넬의 노트필기법을 어떻게 활용하면 좋은지 구체적으로 한번 살펴보겠다.

① 우선 노트를 펼친 후, 노트의 왼쪽에 3cm정도로 여백을 둔 후 수직선을 긋는다. 이 왼쪽 부분을 '단서 칼럼'이라고 한다. 이 부분에 주제 및 주요 개념을 작성한다.

② 그리고 노트의 아래쪽에 약 3cm 정도 여백을 둔 후 수평선을 긋는다. 이 부분은 '요약 칼럼'으로 전체적인 내용을 요약하는 부분이다.

③ 왼쪽과 아래쪽을 제외한 나머지 가장 많은 부분은 '기록 칼럼'이다. 이 부분에 주요 내용을 적는다.

<table>
<tr><td>단서 칼럼

핵심 키워드
질문 등

수업이 끝난 후 또는 복습을 하면서 작성</td><td>기록 칼럼

강의 내용 작성
빠진 부분 추가 또는 필요 없는 내용 삭제
중요한 부분 표시 등

수업을 하는 동안 작성</td></tr>
<tr><td colspan="2">요약 칼럼

수업이 끝난 후 또는 복습을 하면서 작성</td></tr>
</table>

단서 칼럼을 이용하면 기록 칼럼에 기록해 둔 내용과의 관련성도 선명해지고, 그 단원의 요점도 분명해질 수 있다. 요약 칼럼을 이용하면 우선 한 쪽에 가득 정리한 노트 내용을 간략하게 요약해 줄 뿐만 아니라 복습할 때 적어 놓았던 것의 의미를 집약적으로 파악 · 기억하기 쉽게 해 준다.

노트를 수업시간에 이용할 때, 기록 칼럼의 오른쪽 상단에 날짜와 주제를 꼭 작성해 주어야 한다. 필기를 장기간 하다 보면 노트의 분량이 많아지기 때문에 원하는 내용을 빨리 찾아보기 위해서는 날짜와 주제를 반드시 표기해 두어야 한다.

심리적 안녕과 건강 증진을 위해 우리가 할 수 있는 일은?	2011. 05. 20. 심리적 안녕과 건강 증진을 위한 자기노력
1. 감정인식과 수용	자신에게 일어나는 감정적 경험을 있는 그대로 바라봄. 감정은 가치 판단의 대상이 되지 않으며, 이해가 필요한 반응임을 받아들임. 다만 그것이 상황에 적절한 정상적 반응인지 아닌지 구분해 보는 것이 필요함.
2. 단점과 취약점에 대한 이해	자신의 단점과 취약성을 파악하여 그 원인에 대해 분석해 보는 것이 좋음. 어떤 상황에서 긴장감이 높아지고 불편함을 느끼는지 등을 이해해 보려는 노력은 상황에 대한 새로운 관점과 문제해결에 도움을 줌.
3. 자기계발	다양한 분야에서 재능과 흥미를 개발시켜 효능감과 자존심을 향상시킨다. 기능과 능력의 발전에서 비롯되는 효능감은 자신감을 높이는 데 기여한다. 이를 위해 다양한 관심, 책임감, 실천이 요구됨.
4. 타인과의 교류	인간은 사회적 존재이므로 타인이 제공하는 지원과 위안을 필요로 한다. 타인과의 교류는 객관적인 조망이 이루어질 수 있도록 돕는다.
5. 전문적인 도움 추구	자기이해와 자력에는 한계가 있을 수 있으므로 문제와 고통의 경중에 따라 훈련된 전문가에게 도움을 받는 것이 필요하다는 것을 받아들임.
자신의 심리적 안녕과 건강 증진을 위해서는 건강에 대한 이해, 자기인식, 자기계발, 타인과의 교류, 도움추구 행동이 필요하다.	

Tip 기록 칼럼에 필기할 때 주의해야 할 점은 향후 추가 기록 및 수정을 할 수 있도록 여유 공간을 충분히 남기면서 필기해야 한다는 것이다. 한 번의 필기가 완벽할 수는 없다. 노트필기를 하다 보면 내용이해 부족 또는 시간 부족 등의 이유로 완벽한 필기를 할 수 없는 경우가 생기게 마련이다. 추후에 노트 내용에 부족한 부분을 수정 및 보충해야 함으로 필기 시에 여백을 충분히 확보하면서 필기해야 한다.

4) 노트필기를 잘 하기 위한 6계명

① 모든 강의에 빠짐없이 출석한다

하루라도 강의에 빠지게 되면 나중에 다른 사람의 노트필기를 베끼거나 교재 내용을 보면서 다시 정리를 해야 하는데 내가 직접 듣고 정리한 내용이 아니기 때문에 이해하기 어려울 수가 있다. 그렇기 때문에 무슨 일이 있더라도 강의에는 꼭 참석해 노트필기를 하도록 해야 한다.

② 강조 표시를 해 둔다

모든 내용이 중요한 내용은 아닐 수 있다. 교수님께서 특히 강조하신 부분에는 밑줄을 긋거나 나만의 표시를 해 두어서 나중에 다시 확인할 수 있도록 한다.

③ 필기할 때 약간의 여백을 남겨 둔다

수업내용과 관련해 추가적인 내용을 적을 수 있는 여백을 남겨 두면 나중에 더 깊이 학습할 수 있도록 도와준다.

④ 자신의 생각과 아이디어를 따로 적어 둔다

수업을 듣거나 교재를 읽으면서 들었던 의문이나 추가적인 내용은 수업 및 교재 내용과 따로 표시를 해 둔다. 교재 내용과 자신이 추가적으로 찾거나 궁금한 내용 등을 구분하여 표시해 두면 심화학습을 하는 데 도움이 된다.

⑤ 나만의 노트필기 기호를 만든다

교수자의 설명은 굉장히 빠르게 흘러가는 경우가 있다. 그렇기 때문에 나만의 노트필기 기호를 만들어서 활용하면 노트필기하는 시간을 줄일 수 있으며, 간결한 필기를 할 수 있게 된다.

• ↑: 상승	• ↓: 하강	• ↔: 반대(대조)	• ∵ : 왜냐하면
• ∴ : 그러므로	• cf: 비교	• or: 또는	• ex: 예시
• 〈 : 점점 크게	• 〉: 점점 작게		

⑥ 복습은 빠짐없이 한다

노트필기를 하고 난 후 복습하지 않으면 내용을 다 잊어버리게 되어 나중에 노트를 볼 때 새로운 내용으로 다가온다. 그날 배운 내용은 그날 바로 복습하는 것이 매우 중요하다.

요약과 노트필기를 하면 내가 배운 내용을 예습 및 복습할 수 있는 기회가 되어 배운 내용에 대한 기억을 용이하게 해 주는 것은 사실이다. 하지만 요약과 노트필기가 잘 됐다고 해서 노트에 적은 모든 내용을 내가 이해했다고 볼 수는 없다. 요약과 노트필기는 지금까지 배운 내용을 잘 정리하는 기회를 제공하는 것뿐이다. 즉, 단지 수많은 내용이 적혀 있는 두꺼운 교재에서 핵심을 뽑은 '나만의 교재'를 만드는 작업이 이제 막 끝났을 뿐이다. 요약과 노트필기를 보면서 끊임없이 복습해야 나의 지식이 될 수 있다.

Task 1. 전공수업에서 코넬의 노트필기법을 활용하여 노트필기하기	
포트폴리오 구성 방법	– 전공교과 하나를 선택한다. – 코넬의 노트필기법을 활용하여 전공수업 내용을 필기한다. – 평소 자신의 필기법과 비교하여 효과적인 점이 있다면 그것이 무엇인지 제시한다.

2. 마인드맵

우리는 하루에도 수 백, 수 천 가지 이상의 정보를 듣고, 보고, 읽는다. 그리고 수업시간을

통해서도 많은 정보와 지식을 받아들인다. 하지만 그 많은 내용을 다 기억하기에는 우리의 기억력에 한계가 있다.

오늘 또는 어제를 되돌아 보자. 우리가 수업을 들은 시간은 얼마나 되는가? 그 시간에 나는 얼마나 많은 내용을 받아들이게 되었는가? 그렇지만 그 내용들 중에서 내가 기억하고 있는 내용을 얼마나 되는가? 일주일 전 수업을 회상해 보자. 일주일 전에 배운 내용을 얼마나 많이 기억하고 있는가?

> 효과적인 정리전략 & 사고전략
> 복잡한 나의 생각, 복잡한 교과서의 내용을
> visual thinking(시각적 사고)으로 한눈에 정리

1) 마인드맵의 정의

마인드맵 이론은 영국의 Tony Buzan이 주장하여 유럽에서 선풍적인 인기를 얻은 이론으로 말 그대로 '생각의 지도'라는 뜻이다. 마인드맵은 무순서, 다차원적 특성을 가진 사람의

마인드맵의 특징

방사사고의 표현	'중심체로부터 사방으로 뻗어나간다'는 의미를 지닌 방사사고의 표현이다. 두뇌의 자연적인 기능으로서, 두뇌의 잠재력으로 들어갈 수 있는 강력한 그래픽 기술이다.
사고력 중심 두뇌계발	이미지와 핵심단어 그리고 색과 부호를 사용하여 좌뇌와 우뇌의 기능을 유기적으로 연결함으로써 두뇌의 기능을 최대한 발휘할 수 있는 사고력 중심의 두뇌계발방법이다.
새로운 학습기법	학습기법, 정보관리기법으로, 마음속의 지도를 그리듯 글자와 기호와 그림을 사용하여 생각을 표현하고 인식하는 방법이다.
창의력, 기억력 증진 필기법	단순히 받아 적는 필기가 아니라, 생각하면서 학습하는 것을 의미한다. 상상과 언어의 연상 작용에 의한 시각적 노트작성법이다.

출처: 마인드맵팁 닷컴, http://www.mindmaptip.com/

생각을 종이 한 가운데에 표현해 두고 가지를 쳐서 핵심어, 이미지, 컬러, 기호, 심볼 등을 방사형으로 펼치는 두뇌계발기법 또는 두뇌사용기법의 일종이다. 즉, 정보를 글로써 기록하는 것이 아니라 정보를 시각화하여 지도처럼 정리하는 것을 의미하며, 핵심어를 뽑아 그 핵심어들을 구조화하여 그림으로 나타내는 것을 마인드맵이라고 한다.

2) 마인드맵의 구조

[그림 7-2]를 보면 마인드맵의 구조를 가장 쉽게 파악할 수 있다. 마인드맵은 크게 핵심어와 가지로 구분될 수 있다. '핵심어'는 전달하고자 하는 내용의 중심생각 또는 핵심내용을 말한다. '가지'는 '주가지' '부가지' '세부가지'가 있는데 조금 더 세부적으로 핵심내용에서 가장 가까이 연결된 가지를 '주가지', 주가지와 연결된 가지를 '부가지' 그리고 부가지와 연결된 가지를 '세부가지'라고 한다. 이처럼 생각의 중심이 되는 핵심어를 가운데 두고 생각의 가지를 뻗어 나가는 것이 마인드맵이다. 마인드맵의 기본적인 구조는 [그림 7-2]와 같지만 자신만의 개성을 살려 다양하게 표현할 수 있다.

[그림 7-2] **마인드맵의 기본구조**

3) 마인드맵의 장점

나의 생각이나 감정 등을 단순히 글로 표현하는 것이 아니라 시각화하고 그룹화하여 표현하는 마인드맵의 특징은 크게 네 가지로 요약할 수 있다.

- 좌뇌와 우뇌의 사용
- 중심 생각의 강조
- 통찰력
- 기억력과 창의력

출처: http://blog.naver.com/brainmindmap

마인드맵 활용의 첫 번째 장점은 좌뇌와 우뇌를 동시에 활용한다는 것이다. 기존의 기록 방식이 일차원적인 좌뇌적 방식이었다면 마인드맵은 그림, 기호, 색, 키워드의 등의 결합으로 자연스럽게 우뇌적 자원을 충분히 활용하는 전뇌적 방식이라고 할 수 있다. 그래서 마인드맵은 좌뇌와 우뇌의 시너지 작용을 일으켜 생각 정리와 학습을 효과적으로 할 수 있도록 도와준다.

마인드맵 활용의 두 번째 장점은 자연스럽게 중심생각을 강조하게 되고, 위계를 파악할 수 있게 된다는 것이다. 마인드맵을 그릴 때 가장 먼저 하는 일이 중심생각을 가운데 배치하는 것이다. 중심생각을 가운데에 배치하면 마인드맵을 그리는 동안이나 마인드맵을 다 그리고 난 뒤 복습을 할 때에 가운데 배치된 중심생각을 벗어나지 않는 범위 내에서 자유롭게 생각할 수 있게 된다. 또한 마인드맵을 그리면서 중요하고 조금 더 중심내용에 가까운 내용을 부가지를 통해 나타낸다. 두뇌는 중요한 것을 선택적으로 구별하여 기억하는 특징을 갖고 있는데 마인드맵은 두뇌의 그러한 특징을 잘 살리는 방식이라고 할 수 있다.

마인드맵 활용의 세 번째 장점은 통찰력을 향상시켜 준다는 것이다. 마인드맵은 중심내용과 그에 관련된 하위내용을 구분하면서 생각하게 하고, 주변에 애매하게 흩어진 사고들을 두뇌가 쉽게 찾아 낼 수 있도록 조직화하여 표현하게 한다. 또한 키워드 간에 연결 관계를 전체적으로 한눈에 파악할 수 있도록 해 준다.

마인드맵 활용의 마지막 장점은 기억력과 창의력 향상에 도움이 된다는 것이다. 마인드맵은 좌뇌와 우뇌를 동시에 활용할 뿐만 아니라 시각적인 효과가 더해져서 기억력 증진에 도움이 된다. 또한 중심주제와 연관된 다양한 요소를 동시에 고려하게 함으로써 창의적인 연상결합을 할 수 있게 해 주고 재미와 유머를 주어 판에 박힌 틀에서 벗어나 진정한 창의적인 사고를 할 수 있는 기회를 제공한다.

4) 마인드맵 작성 방법

아직 익숙하지 않은 상태에서 마인드맵을 작성한다면 의외로 오랜 시간이 걸린다. 중심생각을 바탕으로 관련된 내용과 생각을 나열하면 되는 것이 아니라 나와 다른 사람들이 알아볼 수 있도록 내용을 조금 더 조직화해야 하기 때문이다. 그럼 마인드맵을 그리는 방법에 대해서 알아보자.

① 종이와 샤프(또는 연필) 그리고 다양한 색깔의 펜을 준비한다.

② 준비 단계: 종이의 한 가운데에 중심생각을 작성한다.

③ 아이디어 나열 단계: 우선 샤프나 연필로 중심생각과 연관된 다른 아이디어들을 나열한다. 이때는 아무것도 생각하지 말고 떠오르는 대로 작성하면 된다.

④ 그룹화 단계: 떠오른 아이디어들을 유사한 것끼리 분류한다. 분류하는 방법은 답으로 정해진 것이 없다. 자신의 생각이 가장 잘 표현되도록 아이디어들을 분류하면 된다.

⑤ 이름 붙이기 단계: 분류한 아이디어들을 대표할 수 있는 이름이 무엇일지 생각한 후, 부가지의 이름을 정한다.

⑥ 조정 단계: 분류된 아이디어들을 다시 한 번 자세히 살펴본다. 혹시나 분류된 아이디어들 내에서 다시 묶을 수 있는 아이디어가 없는지 살펴본 후, 만약에 있다면 다시 이름을 붙이면 된다.

⑦ 그리기 단계: 이제 모든 준비는 끝! 중심생각에 가장 가까운 부가지들을 종류에 따라 다양한 색깔의 펜으로 그리면 된다. 이때 부가지마다 색깔을 달리하는 이유는 아이디어가 넓어지면 마인드맵이 복잡해질 수 있기 때문에 명확히 구별하기 위한 것이다. 반드시 다른 색깔의 펜을 사용할 필요는 없다. 그리고 그림으로 표현할 수 있는 아이디어는 그림으로 표현하여 조금 더 재미있는 마인드맵을 그려 보자.

모든 것이 그렇듯이 마인드맵을 처음 그릴 때는 어렵지만 익숙해지면 금방 쉽게 작성할 수 있게 된다.

5) 마인드맵 활용하기

지금까지 마인드맵이 무엇인지, 마인드맵을 활용하면 좋은 점이 무엇인지 그리고 마인드맵을 그리기 위한 방법은 무엇인지 등에 대해서 살펴보았다. 그럼 이제부터 마인드맵을 직접 그리는 연습을 해 보자.

① 아래 칸에 '대학생활'하면 연상되는 단어를 제한 없이 적어 보자.

ex) MT, 커플, 술, 연애, 공부 등

② 다 작성했다면 유사하거나 같이 묶을 수 있을 것 같은 아이디어를 같은 색깔의 펜으로 또는 나만의 방식을 이용해서 분류해 보자.

③ 분류를 대표할 수 있는 단어(개념)가 있는지 생각해 보고 만약에 없다면 분류를 대표할 수 있는 단어(개념)가 무엇인지 생각해 보자. 분류가 끝난 후에 분류 속에서 또 다시 분류할 수 있는 것이 없는지 다시 한 번 잘 살펴보자.

④ 그러면 각각의 분류들을 색깔 펜을 이용해 마인드맵으로 그려 보자.

다음으로 글을 읽고 마인드맵을 그리는 연습을 해 보도록 하겠다. 먼저, 글을 읽으면서 마인드맵을 그릴 때에 중심이 되는 중심내용이 무엇인지 빠르게 파악하는 것이 중요하다. 그리고 주요 키워드가 무엇인지, 어떻게 마인드맵을 그려야하는지 등을 생각하면서 글을 읽는다. 마인드맵을 그리는 데 답이 있는 것이 아니다. 자신이 읽고 느끼는 그대로 표현하는 것이 중요하다.

아래 글을 읽고 주요내용을 마인드맵으로 그려 보자.

우리 생활에서 글쓰기는 크게 문학적 글쓰기와 실용적 글쓰기로 나눌 수 있다. 문학적 글쓰기는 주관적이고 상상적인 창작력을 요구하는 글쓰기이므로 문학에 관심을 갖거나 창작을 직업으로 삼는 사람들에게 필요한 글쓰기다.

실용적 글쓰기는 다시 일상적 글쓰기와 사회적 글쓰기로 나눌 수 있다. 일상적 글쓰기는 메모나 일기, 문자나 메일 등 개인에 의해서 쓰는 글이다. 사회적 글쓰기는 특정한 목적을 가지고 다른 사람에게 내용을 전달하는 논술, 기업의 보고서, 기획서, 대학 리포트 등을 의미한다. 사회적 글쓰기가 특별한 목적을 위해서 쓰는 것이라면 일상적 글쓰기는 일상생활을 유지하는 데 필요한 일반적인 글쓰기다.

① 위 글의 주요내용(핵심내용)은 무엇인가? (　　　　　　　　　　　　　　　　　　　　)

② 위 글에서 뽑을 수 있는 키워드는 무엇인가? (　　　　　　　　　　　　　　　　　　　　)

③ 위의 내용을 바탕으로 마인드맵을 그려 보자.

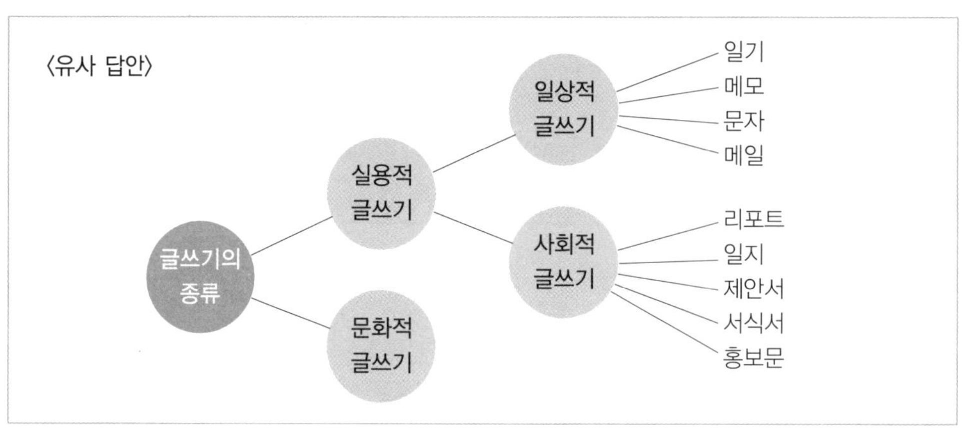

이제 마인드맵을 어떻게 활용해야 하는지 구체적으로 이해하였는가? 한번에 잘되는 것은 없다. 끊임없이 연습하고, 연습하고 또 연습해야 나만의 마인드맵을 잘 그릴 수 있게 된다.

그럼 한번 더 연습해 보도록 하겠다. 다음 글을 읽고 마인드맵을 그려 보자.

국제화 시대의 문화생활

• 문화 교류와 문화의 다양성

−상호 이해와 문화 교류

국제 교류는 국제 사회를 이해하는 바탕이 되며, 우리 사회가 발전할 수 있는 원동력이다. 국제 교류의 종류에는 정부와 정부 간의 외교 교류, 무역을 통한 경제 교류, 운동 경기, 음악, 미술 등을 통한 문화 교류가 있다.

• 문화의 다양성

문화의 의미를 먼저 살펴보면, 좁은 의미로는 고상한 문학이나 음악, 미술 등을 나타내고, 넓은 의미로는 사람들이 행동하는 모든 생활양식을 일컫는다. 문화의 내용에는 음식, 옷, 도구, 규범, 가치 등이 포함된다. 문화에는 환경에 따른 삶의 역사가 존재하며, 다른 환경, 다른 역사에서는 다른 문화가 나타난다. 예컨대, 문화적 생활양식은 사람들이 자연 환경에 적응하면서 만들어 낸 지혜의 산물이다. 초원 지대의 유목민은 치즈라는 저장 식품을 만들었고, 우리나라는 김치라는 저장 식품을 만든 것이 그 예다.

• 다른 문화의 이해와 국제 협력

−다른 문화의 이해

문화의 종류에는 물질문화, 정신문화, 제도문화 등이 있으며, 문화를 이해하는 관점으로는 문화적 상대주의, 자문화 중심주의, 문화적 사대주의가 있다. 가장 바람직한 태도는 문화마다의 독특한 점을 인정하고 존중하는 태도인 문화적 상대주의다.

마인드맵은 생각이나 정보의 중심내용을 바탕으로 그와 관련된 모든 내용을 정교화 · 조직화하여 나타내는 그림이다. 한 번 그려보고 어렵다고 포기하지 말고, 시간이 오래 걸리더라도 지속적으로 연습하고 구체화하는 연습을 해 봐야 한다. 지금은 보잘 것 없는 그림인 것 같지만 시간이 지나면 분명히 학습과 기억에 도움이 되고 더 나아가 나의 '포트폴리오'에 당당히 자리를 차지할 좋은 자료가 될 것이다.

Task 2. 전공 관련 수업내용을 마인드맵으로 정리하기	
포트폴리오 구성 방법	- 전공교과 하나를 선택한다. - 수업의 주요내용을 마인드맵으로 구조화하여 정리한다. - 수업의 전체 내용이 한눈에 파악될 수 있도록 색, 모양 등을 활용하여 조직한다.

MEMO

PART 2

미래를 결정하는 진로탐색

자기이해를 위한 자기분석

진로선택을 위한 첫 단계는 자신이 무엇을 잘하며 좋아하는지, 어떤 성향인지, 어떤 특징을 지니고 있는지 등에 대해 이해하는 과정이다. 성공적인 진로선택을 위해서는 자기이해의 과정이 필요하며 이를 통해 자신에게 맞는 직업을 실패 없이 선택할 수 있게 된다. 진로선택의 실패는 대부분 자신과 맞지 않는 직업을 선택하였거나 잘못된 정보수집에서 오는 차이 때문이다.

자기분석을 위한 검사인 흥미검사, 적성검사, 준비도검사, 성격검사 등을 통하여 자신을 좀 더 객관적으로 이해할 수 있다.

검사종류	검사명	검사 실시 가능 기관
흥미검사	자기이해를 위한 자기분석	한국가이던스(http://www.guidance.co.kr) 대학 내 학생생활상담소
	직업선호도검사 (S형, L형)	노동부(http://www.work.go.kr) 노동부 고용지원센터
적성검사	직업가치관검사	노동부(http://www.work.go.kr)
	성인용 직업적성검사	노동부(http://www.work.go.kr)
	직무능력검사	노동부 고용지원센터

준비도검사	대학생 진로준비도검사	노동부(http://www.work.go.kr)
성격검사	MBTI	어세스타 온라인심리검사 센터 (http://www.career4u.net) 대학 내 학생생활상담소
	애니어그램	한국가이던스(http://www.guidance.co.kr) 대학 내 학생생활상담소

이 책에서는 직업을 선택함에 있어 자신이 가장 중요하게 생각하는 것이 무엇이지 알아보는 직업가치관검사와 진로를 선택함에 있어서 자신은 어떤 점이 부족한지, 현재 나의 상태는 어떠한지에 대해 알아보는 진로준비도검사를 통하여 자신을 이해해 보겠다.

1. 직업가치관

직업가치관이란 직업을 선택할 때 중요하게 생각하는 가치관을 말한다. 직업에 대하여 어떤 관점과 가치관을 가지고 있는가에 따라 사람들은 각기 다른 직업을 선택하게 된다. 따라서 자신의 직업가치관에 맞는 직업을 선택하는 것은 중요하다. 왜냐하면 직업을 통해서 기본적인 욕구가 충족되어야 하며, 삶의 만족을 느끼고, 자아실현을 할 수 있어야 하기 때문이다. 만약 나의 직업가치관에 맞지 않는 직업을 선택할 경우 앞의 조건을 충족하기 어렵고 직업 활동을 계속 이어나가기 힘들어진다. 그러므로 직업을 선택할 때에는 자신이 좋아하고, 하고 싶은 일을 선택해야 하며, 그 일을 잘할 수 있는 능력과 실현가능성도 갖추고 있어야 한다. 하지만 이런 것을 고려한 직업이라고 해도 미래의 발전가능성과 수익성이 없다면 결코 좋은 직업선택이라고 보기 어렵다. 이렇듯 직업을 선택하는 데 있어서 자신이 바람직하다고 생각하게 되는 것들을 직업가치관이라고 한다.

각 개인이 중요하게 생각하는 직업가치관은 직업을 선택할 때 매우 중요하게 고려해야 하며, 직업을 선택하여 성취감을 느끼고 의사결정을 할 때에 큰 영향을 미친다.

한국고용정보원에서 제작한 직업가치관의 구성요인을 통해 직업을 선택할 때 중요하게 생각하는 자신의 직업가치관이 무엇인지 알아보자.

직업가치관의 구성요인

번호	가치관	내 용
1	성취	스스로 목표를 세우고 이를 달성하는 것을 중시
2	봉사	남을 위해 일하는 것에서 보람을 느끼는 것을 중시
3	개별활동	여러 사람과 어울려 일하기보다는 혼자 일하는 것을 중시
4	직업안정	얼마나 오랫동안 안정적으로 일할 수 있는지를 중시
5	변화지향	업무가 고정되어 있지 않고 변화 가능한 것을 중시
6	몸과 마음의 여유	마음과 신체적인 여유를 가질 수 있는 업무나 직업을 중시
7	영향력 발휘	타인에 대해 영향력을 발휘하는 것을 중시
8	지식추구	새로운 지식을 얻는 것을 중시
9	애국	국가를 위해 도움이 되는 것을 중시
10	자율성	자율적으로 업무를 해 나가는 것을 중시
11	금전적 보상	금전적 보상을 중시
12	인정	타인으로부터 인정받는 것을 중시
13	실내 활동	신체활동을 덜 요구하는 업무나 직업을 중시

출처: 워크넷, http://www.work.go.kr/index.jsp
한국고용정보원, http://www.keis.or.kr/main/www.do

Task 1. 나의 직업가치관검사 결과 해석하기	
포트폴리오 구성 방법	- 고용노동부 워크넷에 회원등록 후 직업가치관검사를 받아 본다. - 검사 결과를 아래 표를 기준으로 작성한다. - 자신의 직업가치관에 맞는 전공 관련 직업에 대해 생각한다.

가치 점수 중 가장 높게 나타난 직업가치 세 가지
① ② ③
가치 점수 중 가장 낮게 나타난 직업가치 세 가지
① ② ③
직업가치 특성을 고려할 때 나에게 적합한 또는 피해야 할 직업적 성격

추천직업	전공 관련 희망직업
① ② ③	① ② ③

Activity 1. 나의 직업가치관검사 결과에 대해 이야기 나누기	
진행 방법	- 검사 결과를 확인하고, 그 결과에 대해 생각해 본다. - 팀원과 서로의 결과에 대해 이야기를 나누는 시간을 갖는다.

Tip

- 워크넷(http://www.work.go.kr): 노동부의 고용관련 사이트로서 방대하고 다양한 구직관련 정보를 접할 수 있다. 원격 직업관련 상담을 받을 수도 있고, 직업심리검사를 받을 수도 있다. 또한 해외 구인·구직 신청도 가능하다.
- 커리어넷(http://www.careernet.re.kr): 초등학교에서부터 대학생, 성인에 이르기까지 다양한 학과, 직업 관련 정보를 제공해 주며, 진로와 직업에 관련된 심리검사를 통하여 구체적인 진로탐색이 가능하다.
- 한국청소년상담원(http://www.kyci.or.kr): 웹심리검사, 비밀상담실을 통한 사이버 상담이 가능하고, 고민해결백과, 컴슬러[1] 따라가기, 감정의 사이버 마당, 상담만화방 등 여러 가지 도움을 받을 수 있다.

2. 대학생 진로준비도

요즘 대학생은 할 일이 너무 많다. 아침부터 저녁까지 학교 수업을 들어야 하고, 따로 영어 공부도 해야 하며, 틈틈이 취업준비도 해야 한다. 그러나 빡빡한 수업일정과 학업활동 등에 의해 상대적으로 진로준비에는 소홀해지기 쉽다.

대학생 시기는 진로목표와 직업세계로 자연스럽게 이행해야 하는 시기다. 대학생 진로준비도는 대학생의 진로발달과 관련하여 보다 효과적인 진로선택과 결정을 위한 진로준비 수준에 대해 알 수 있도록 지원한다.

한국고용정보원에서 제작한 진로준비도의 요인을 통해 현재 자신의 진로준비 수준에 대해 알아보자.

1) 가족, 대인관계, 성격 등 고민의 유형을 분류하고, 해당 질문을 따라가며 예/아니요로 답하면서 고민해결 방법을 찾아가는 상담

대학생 진로준비도 요인

영역	주요 요인	내 용
진로성숙도	계획성	개인이 발달단계상에서 진로와 관련하여 직면하는 문제들을 해결하고 대처해 나갈 수 있는 준비정도
	독립성	
	자기지식(자기이해)	
진로탐색 행동	진로활동 경험	진로결정이나 진로발달을 목적으로 자기 자신과 직업세계를 이해하기 위해 수행하는 인지적·행동적 활동 정도
	자기이해 노력	
	진로수업 경험	
	사회적 지지자 지원	
진로의사 결정	진로의사 결정	자신의 진로에 대한 확신의 정도로서 진로 미결정과 진로 결정의 연속 선상에서 현재 자신의 의사결정 수준
취업준비 행동	적극적 직업탐색	자신의 진로와 관련한 좀 더 구체화되고 현실적인 측면에서 당면한 취업과제 해결을 위한 행동수준
	예비적 직업탐색	
	공식적 직업탐색	
	비공식적 직업탐색	
	취업준비 노력	
	취업준비 강도	

출처: 한국고용정보원, http://www.keie.or.kr

Task 2. 나의 진로준비도 검사 결과	
포트폴리오 구성 방법	- 고용노동부 워크넷에 회원등록 후 진로준비도검사를 받아 본다. - 검사 결과를 아래 표를 기준으로 작성한다. - 검사 결과를 보고 자신의 부족한 진로준비 영역을 인식한다.

영역	주요 요인	점 수	
		H	L
진로성숙도	계획성		
	독립성		
	자기지식(자기이해)		
진로탐색 행동	진로활동 경험		
	자기이해 노력		
	진로수업 경험		
	사회적 지지자 지원		
진로의사 결정	진로의사 결정		
취업준비 행동	적극적 직업탐색		
	예비적 직업탐색		
	공식적 직업탐색		
	비공식적 직업탐색		
	취업준비 노력		
	취업준비 강도		

가장 낮게 나온 점수 요인	준비 계획

MEMO

직업세계 이해하기

1. 직업의 의미

직업(職業)이라는 말은 '직(職)'과 '업(業)'의 합성어다. 여기에서 '직(職)'이란 직무라는 관직적 뜻과 직분을 맡아 행한다는 개인의 사회적 역할이라는 뜻이 담겨 있다. 반면, '업(業)'이란 생계를 유지하기 위해 전념하는 일이라는 뜻과 자신의 능력을 발휘하기 위해 한 가지 일에 몰두한다는 뜻을 가지고 있다. 따라서 직업이라는 말은 개인이 책임지고 맡아서 하는 직무성과 생계유지를 위해 수행하는 노동성의 이중적 의미를 가지고 있다.

직업은 개인이 사회적 삶을 이루어 가는 가장 중요한 수단이며, 직업생활을 통해서 자신의 가치를 실현할 수도 있다.

1) 직업기능의 세 가지 측면

우리는 학교에서 교육을 받고 직업을 가지며 결혼을 하고 직업생활을 하다가 퇴직을 하는 등 한 평생을 살아가게 된다. 그중 직업을 통해 생계를 유지하고, 사회구성원으로서 참여할 뿐만 아니라 자신의 가치를 실현하고 인생의 보람을 누리게 된다. 이렇듯 직업이 우리 삶에

서 차지하는 비중은 매우 클 수밖에 없고 직업은 인생 그 자체라 해도 과언이 아니다. 직업이 우리에게 주는 세 가지 측면의 기능은 다음과 같다.

첫째, 경제적 측면이다. 사람은 가장 기본적 욕구인 의식주를 해결하기 위해 직업에 종사하며, 직장생활을 통해 수입을 얻어야 생계를 유지할 수 있다. 생계유지의 수단으로서 직업은 가장 기본적으로 인간의 존재를 가능하게 하는 방법이라는 점에서 그 의미가 크다. 특히 자본주의 사회에서는 수입이 없으면 삶을 영위하기가 어려운 만큼 직업의 중요성은 더욱 강조된다.

둘째, 사회적 측면이다. 사람은 직업을 통해 사회의 한 구성원으로서 일정한 역할을 분담하게 되고 이 역할을 충실히 수행할 때 사회가 유지 · 발전한다. 그리고 사람은 직업을 통해서 자신이 가지고 있는 소질과 능력을 발휘할 수 있고, 자아를 실현하며, 나아가 사회적 발전을 추구하는 기회를 얻을 수 있다. 일을 통한 보람과 일이 주는 성취감은 자신의 꿈을 실현하고 자신의 존재의미를 찾는 과정이 된다. 이와 같이 직업이란, 생계의 유지, 사회적 역할 분담, 자아의 실현을 목적으로 계속적으로 행사하는 일이라고 할 수 있다.

셋째, 심리적 측면이다. 한 개인이 갖는 직업은 자신의 정체성을 대표하며, 가족과 사회 구성원으로서 존경과 소속감을 주어 심리적 안정감을 줄 수 있다. 개인적 관점에서 직업은 생계의 유지와 경제적 활동을 영위해 가는 중요한 수단이 되지만, 소속감과 심리적 안정감도 준다.

직업은 직업을 가진 개인이 경제적 · 사회적 · 심리적 측면이 모두 충족해야 그 직업에 대한 애착과 매력을 느낄 수 있다. 또한 자신이 할 수 있고 하고 싶은 일이어야 능률을 올릴 수 있다.

경제적 측면

사회적 측면

심리적 측면

2. 사회변화와 직업의 변화

21세기 직업의 다양성을 이해하기 위해서는 먼저 직업의 변화과정을 이해할 필요가 있다. 직업의 변화과정은 역사와 시대의 흐름에 따라 생성, 통합, 융합, 분화, 쇠퇴, 소멸을 반복하면서 변화해 간다. 경제발전과 더불어 기존 산업체계가 변화하면서 새로운 직업이 출현하고 그중 많은 사람에게 주목받고 수요가 증가하는 직업이 떠오르게 된다. 이처럼 직업의 생명력은 빠르게 변화하는 시대의 흐름에 얼마나 잘 적응하는가에 달려 있다. 이에 따라 직업은 끊임없이 변화하면서 통합과 분화를 계속하고 있다.

산업의 변화는 개인의 운명을 바꾼다. 거시적 안목을 가지고 있지 않으면 누가 무슨 힘으로 나의 인생을 바꾸고 있는지도 모른 채 자신의 인생이 그냥 흘러가게 내버려 두게 된다. 항상 사회의 변화에 관심을 가지고 미래에는 어떤 산업들이 중요해 질 것인가를 생각해야 한다.

직업의 변화를 살펴보면서 미래직업을 예측하여 나에게 맞는 유망직업을 찾아내는 것은 직업선택에 있어 무엇보다 중요하다. 유망직업을 선택할 때는 대내외 경제의 흐름과 환경을 고려하여 자신에게 실현가능한 직업을 선택해야 한다. 출산율의 저하, 주 5일 근무제, 에너지 부족, 환경오염, 여성인력 상승, 서비스산업 증대, 맞벌이 가족 증가, 생명연장, 첨단과학기술 발달, 기업환경의 변화, FTA 체결 등은 유망직업을 선택할 때 고려해야 할 경제 흐름과 환경이라고 할 수 있다. 이런 환경적 요인들과 현상들을 고려하여 직업을 탐색해 나가면서 자신에게 맞는 직업을 선택하는 것이 중요하다. 그리고 자신에게 맞는 직업을 선택하였다면, 자신이 선택한 직업이 미래에 전망이 있는지, 수입이 있는지에 대해서도 고려해야 할 것이다.

1) 유망직업의 조건

현재 사회적 변화에 따른 좋은 직업 또는 유망한 직업이 되는 조건은 다음과 같이 요약할 수 있다.

첫째, 일자리 증가와 비교적 높은 임금을 들 수 있다. 유망직업은 향후 일자리가 증가하여 상대적으로 취업이 용이하고 임금수준이 타 직업에 비해 비교적 높은 직업을 의미한다.

둘째, 고용안정성을 들 수 있다. 최근에 직업의 안정성이 보장되는 직업에 대한 선호도가 높아져 고용안정성이 유망직업 선정에 중요한 기준으로 부각되고 있다.

셋째, 삶의 질을 들 수 있다. 즉, 육체적 · 정신적 스트레스가 적은 직업, 쾌적한 근무환경 등을 유망직업의 조건으로 삼기도 한다.

넷째, 전문성과 기술력이 필요한 직업을 유망직업으로 본다. 이는 앞으로 이직과 전직이 현재보다 더욱 보편화될 것으로 예상되므로 전문성과 기술을 갖춘 사람이 경쟁력을 가질 수 있기 때문이다.

다섯째, 웰빙 열풍과 더불어 주 5일 근무제의 확산, 건강한 삶에 대한 관심 증가, 고품질 서비스에 대한 수요 증가로 관광 · 레저, 문화산업, 의료 · 보건 관련 직업 및 서비스 분야의 직업들이 각광받고 있으며, 항공우주공학, 생명공학 등의 관련 직업도 유망할 것으로 보인다.

2) 직업 패러다임의 변화

사회적 변화에 따라 직업을 바라보는 우리의 인식도 변화하기 시작하였다. 현재 우리 사회의 직업들이 다가오는 미래에는 어떠한 형태로 변화하는지 흐름을 파악하여 그 흐름 속에서 직업을 바라보는 우리의 인식과 태도도 바꾸어야 한다.

첫째, 평생직장에서 평생직업으로 인식

둘째, 삶의 질을 중요하게 생각하는 직업

셋째, 창의성을 적용하는 직업

Activity 1. 사회변화에 따른 직업변화 알아보기	
진행 방법	– 현재의 직업 중 곧 사라지게 될 직업과 그 이유에 대해 생각한다. – 사회변화에 따라 앞으로 생겨날 직업과 그 이유에 대해 생각한다. – 팀별 토론을 통해 생각한 내용을 제시한다.

사라질 직업	이유
1.	
2.	
3.	
4.	
5.	

생겨날 직업	이유
1.	
2.	
3.	
4.	
5.	

Activity 2. 현재의 유망직종과 그 특징 찾아보기	
진행 방법	- 리서치에 제시된 유망직종 Top 10을 조사하고 출처와 함께 제시한다. - 유망직종이 된 이유와 그 특징에 대해 토론한다(팀별 활동). - 팀별로 조사한 내용을 발표하는 시간을 갖는다.

순위	직업	특징
1		
2		
3		
4		
5		
6		
7		
8		
9		
10		

Task 1. 전공 관련 유망직종과 그 특징 찾아보기	
포트폴리오 구성 방법	- 자신의 전공 분야에서 유망직종 Top 5를 조사하고 출처와 함께 제시한다. - 각 직업이 가지고 있는 특징을 제시한다. - 조사한 내용을 토대로 자신이 준비해야 할 일을 제시한다.

순위	직업	특징
1		
2		
3		
4		
5		

변화하는 직업세계에 대비하여 자신이 준비해야 할 일

MEMO

나의 진로 선택하기

진로를 선택할 때는 그 직업의 직무를 이해하고, 자신이 가지고 있는 특성들과의 관계를 살펴보아야 한다. 대부분 자신이 원하는 직업의 직무를 정확히 이해하고 있지 못하고 있으며, 직업의 화려함이나 수월함만을 생각하고, 자신의 능력이나 특성과의 관계를 생각하지 않은 채 직업을 선택하는 경우가 많다. 자신이 선택한 직업의 직무를 정확하고 구체적으로 이해하면, 자신이 선택한 직업에 맞는 경력이나 자격증, 기술, 능력 등에 대한 구체적인 계획을 세울 수 있게 되며, 그 직업을 갖는 데 많은 도움이 된다.

1. 흥미

자신의 진로를 결정하는 데 가장 도움을 줄 수 있는 것 중의 하나가 바로 자신이 좋아하는 것을 찾는 것이다. 즉, 자신의 흥미가 무엇인지를 파악하는 데서부터 진로결정을 출발한다면 진로계획에 많은 도움을 받을 수 있다.

'흥미'는 '어떤 일을 하고 싶다' 든가, '하기 싫다'와 같은 개개인의 성격 특성으로, 어떤 활동이나 사물에 특별히 관심을 갖는 일반적인 행동을 말한다.

사람을 사귈 때도 자신만이 좋아하는 사람의 스타일과 성격이 있는 것처럼 앞으로 우리가 평생 일해야 될지도 모르는 직업을 선택하는 일도 좋아하고 관심 있는 분야의 직업을 선택해야 즐거운 하루하루를 보낼 수 있다. 다른 사람이 아무리 부러워하는 좋은 직업이라고 해도 자신이 싫다면 그 직장은 감옥과 다를 바 없다. 자신의 홍미와 일치하지 않은 일을 통해서 행복과 자아실현을 이룰 수는 없다. 이것이 다른 사람이 뭐라 해도 자신이 좋아하는 일을 하는 것이 진로결정에 있어서 가장 중요한 부분을 차지해야 하는 이유다.

따라서 진로를 결정할 때는 자신이 좋아하고, 하고 싶은 분야의 일을 선택하는 것이 중요하다. 자신이 하고 싶은 일을 할 때 더욱 행복할 수 있으며, 그 일에 대한 성취감을 느끼고, 자신의 잠재력을 발휘할 수 있으며, 우리가 궁극적으로 원하는 성공을 이룰 수 있다.

2. 적성

'적성'이란 어떤 일에 대한 알맞은 성질이나 적응 능력을 말하는 것으로 어떤 일을 수행하는 데 발휘되는 개인의 소질을 뜻한다. 어떠한 활동이나 작업을 수행하는 데 어느 정도의 능력은 꼭 필요하며, 직장에서는 그러한 능력의 발현 가능성의 정도를 중요하게 생각한다.

자신의 진로를 결정하는 데 가장 도움을 줄 수 있는 것 중의 하나가 적성, 바로 자신이 잘할 수 있는 것을 찾는 것이다. 성공적인 진로선택에 적성은 매우 중요한 요인이 될 수 있다. 만약 직업을 선택하는 데 홍미는 있지만 적성이 맞지 않으면 그 업무를 좋은 결과로 만들어 낼 수 없게 된다. 어떤 직업에서 맡은 직무는 취미나 재미로 하는 것이 아니라 성과로 이어져야 하기 때문이다. 따라서 진로를 선택할 때나 직업을 선택할 때는 자신의 적성과도 잘 맞는지를 반드시 고려해 보아야 한다.

인생을 설계하는 성인 초기에 가장 중요하고 어려운 문제가 바로 직업선택일 것이다. 잘못된 직업선택으로 인한 불만과 스트레스, 이로 인한 직장생활의 전직 또는 이직은 인생에 고통으로 작용할 것이다. 그러므로 직업을 선택할 때는 자신을 제대로 이해하는 데에 노력을 기울이고, 자신의 홍미와 능력에 맞는 직업을 선택하는 데에 신중을 기해야 한다.

3. 진로선택 과정

대학에 입학하여 대학생활에 적응하면서 학생들에게 가장 크게 다가오는 고민은 졸업 후의 진로의 선택과 결정일 것이다. 대학 졸업 후의 진로는 취업, 창업, 진학, 유학, 직업군인, 공무원 준비 등 다양하다.

개인의 평생의 삶이 될 수 있는 직업을 결정하는 진로선택은 빠르면 빠를수록 좋지만, 결코 쉽게 생각하여 결정할 일이 아니다. 대학 졸업 후 단기간에 진로를 선택하는 일은 쉽지 않을뿐더러 올바른 결정이라고 보기도 어렵다. 또한 진학이든 취업이든 한번 선택한 길을 중도에 변경한다면 시간낭비가 될 수 있다.

진로를 선택하는 과정은 자기 자신을 이해하기 위한 자기분석, 진로목표에 대한 충분한 인식, 직업세계에 대한 지식과 정보 수집, 합리적 의사결정의 네 단계로 이루어진다.

직업 선택의 만족도는 먼저, 개인과 직업이 얼마나 잘 맞느냐는 것이다. 객관적으로 아무리 좋아 보이는 직업이라도 누구에게나 만족을 주는 것은 아니다. 또한 아무리 능력이 뛰어나다고 해도 모든 직업에 성공적으로 적응할 수 있는 것은 아니다. 반대로, 남들이 보기에는 좋아 보이지 않는 직업에서 즐겁고 만족스럽게 일하는 사람도 있고 저렇게 힘든 일을 몇 년이나 할 수 있을까 싶은 직업에 평생을 헌신하는 사람도 있다.

따라서 자기의 역량을 충분히 발휘할 수 있는 선택을 하는 것이 중요하다. 개인적으로는 각자가 가지고 있는 가치관, 흥미, 성격, 적성, 능력 등을 고려하고 외적으로는 작업환경, 직업의 특성과 앞으로의 전망, 가족들의 기대와 지원 등을 고려해서 신중하게 진로를 선택하여야 한다.

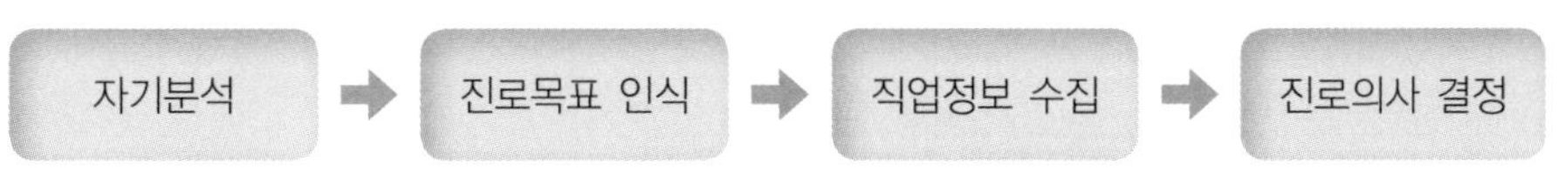

[그림 10-1] **진로선택의 4단계 결정 과정**

Task 1. 내 전공 관련 직업 조사하기	
포트폴리오 구성 방법	- 학과 선배 또는 취업 사이트를 이용해 전공 관련 직업을 조사한다. - 관련 직업의 주요 업무와 자격조건, 요구되는 역량 등을 조사한다. - 본인의 흥미, 적성, 직업가치관을 고려할 때 적합한 직업을 1~3개 정도 선택한다.

나는 내 전공 관련 직업에 대해 얼마나 알고 있는가?

내 전공 분야의 직업	주요 직무	관련 자격증
나에게 맞는 직업	이유	취업처
1.		
2.		
3.		
취업정보 사이트 및 기관		

Task 2. 내가 가장 희망하는 직업 탐색하기	
포트폴리오 구성 방법	- 전공 관련 직업 조사를 통해 알게 된 직업 중 관심이 생긴 직업에 대해 취업 정보 사이트, 인터뷰, 관련 기사 등을 활용해 탐색한다.

희망 직업명		
나의 분석	1. 흥미 유형	
	2. 적　　성	
	3. 가 치 관	
	4. 성　　격	
	5. 능　　력	
	6. 취미/기타	
하는 일		
요구되는 자격조건	학력 수준	
	전　　공	
	자 격 증	
	기　　타	
달성할 수 있는 방법		
전망		
보수 및 복지		
취업에 필요한 과정		

Task 3. 자신이 희망하는 직업에 종사하는 사람 조사하기	
포트폴리오 구성 방법	– 자신이 희망하는 직업에 종사하는 선배, 친인척 또는 대상자를 선정하여 관련 자료 및 기사를 수집하거나 인터뷰하여 그 내용을 정리한다.

조사(인터뷰) 내용	
이 름 :	작성일 :
날 짜 :	장 소 :
회사명 :	주 소 :

조사(인터뷰)한 사람

이 름 :

직 함 :

메일주소 :

조사한 내용

- 선택한 동기는?
- 어떻게 준비해야 하는가?
- 취업경로는?
- 주요업무는?
- 필요한 지식이나 기술, 능력?
- 필요한 자격증이나 도움이 되는 공부는?
- 향후 전망은?
- 애로사항은?
- 이 직업을 꿈꾸는 후배들에게 하고 싶은 충고의 말씀은?

* 자신의 희망직업이나 상황에 맞게 변경해서 사용하세요.

MEMO

MEMO

진로계획 세우기

SWOT 분석은 마케팅이나 경영 전략에서 사용하는 중요한 분석기법 중에 하나다. SWOT 분석은 기본적으로 다음과 같이 네 가지 특징에 의해 분류된다. 강점과 약점은 내부 환경분석, 기회와 위기는 외부 환경분석으로 구분된다.

SWOT 분석기법을 활용하여 나 자신과 내가 선택한 직업에 대해 분석해 보고 성공적인 취업을 하기 위한 전략을 도출해 볼 수 있다.

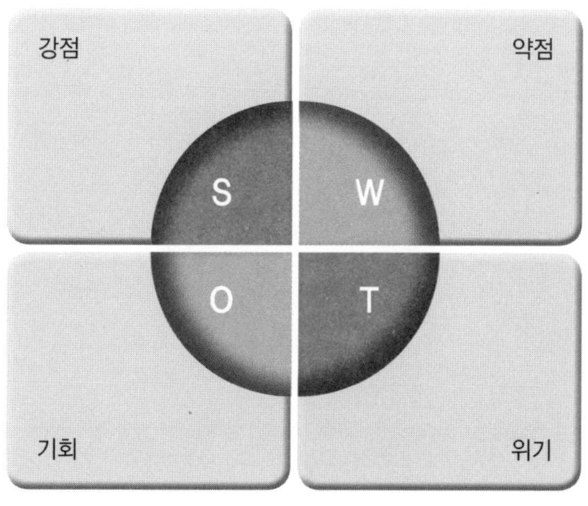

[그림 11-1] SWOT 분석

S(Strength): 자신이 가지고 있는 강점에 대한 분석

W(Weakness): 자신이 가지고 있는 약점에 대한 분석

O(Opportunity): 직업이 가지고 있는 기회에 대한 분석

T(Threaten): 직업이 가지고 있는 위기에 대한 분석

SWOT 분석의 목적은 이 분석을 통해 자신과 직업이 가지고 있는 내외부 분석을 하고, 이를 통해 최적의 전략을 도출하는 것이다. 전략은 위의 네 가지 경우가 조합되어 도출된다.

1. SWOT 분석을 이용한 자기 특성 및 직업 분석

선택한 직업을 수행하는 데 자신이 가지고 있는 강점과 약점을 제시해 보자.

이름:	
강점	약점

자신이 선택한 직업이 가지고 있는 기회와 위기가 무엇인지 작성해 보자.

직업명:	
기회	위기

2. 진로계획을 위한 전략 도출

위기는 줄이고 기회를 보다 더 키우기 위해 어떤 약점을 고치고 어떤 강점을 키워야 할까? 앞에서 분석한 것을 바탕으로 전략을 수립해 보자.

Task 1. SWOT 전략 도출하기	
포트폴리오 구성 방법	– SWOT 분석내용을 토대로 전략을 도출한다. – S–O, W–O, S–T, W–T 각각의 분석에 대해 전략을 도출하도록 한다.

희망직업에 성공적으로 취업하기 위한 SWOT 전략을 도출해 보자.

내부분석 SWOT 분석 외부(환경)분석	강점	약점
기회	S-O 전략	W-O 전략
위기	S-T 전략	W-T 전략

지금까지의 SWOT 분석의 순서를 정리하면 [그림 11-2]와 같다.

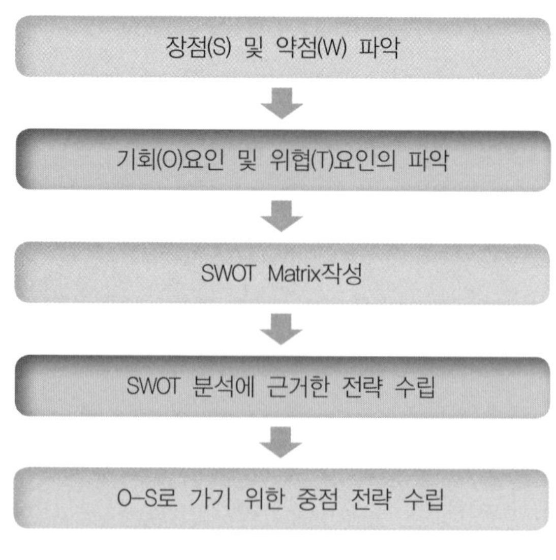

[그림 11-2] **SWOT 분석의 순서**

Activity 1. 자신이 도출한 전략에 대해 토론하기	
진행 방법	- 도출한 전략을 팀원이 서로 돌아가며 발표한다(팀별 활동). - 팀원은 도출된 전략에 대해 서로에게 피드백한다.

3. 진로계획 세우기

진로를 위한 전략이 도출되었다면, 해당 전략을 실행하기 위해 구체적으로 무엇을, 언제, 어떤 방법으로 진행시킬 것인지에 대한 계획이 필요하다. 만약 이러한 계획을 세우지 않는다면 앞에서 세운 분석과 전략 도출은 아무런 의미가 없어지며 자신이 선택한 진업으로 취업하기도 어려워진다.

도출된 전략을 토대로 자신의 관심 진로에 대한 계획을 세워 보자.

Task 2. 도출된 전략을 토대로 진로계획 세우기	
포트폴리오 구성 방법	- 도출된 전략을 중심으로 자신이 해야 할 과제들을 전략별로 제시한다. - 해야 할 과제의 실행 시기를 정한다.

전략		수행 과제 및 방법	실행 시기
S-O			
W-O			

S–T			
W–T			

MEMO

MEMO

PART 3

미래를 보여 주는 대학생활

CHAPTER 12 학습포트폴리오와 진로포트폴리오 구성하기

학습포트폴리오와 진로포트폴리오 구성하기

지금까지 학습을 위해 나의 장 · 단기 목표도 세워 보았고, 목표를 달성하기 위해 계획표도 짜 보았으며, 학습에 대해서 성찰하고 과제를 수행하는 방법, 배운 내용을 어떻게 정리해야 하는지 등에 대해 다양하게 학습해 보았다. 또한 자신의 진로를 결정하고 성공적으로 취업하기 위해 자신과 직업세계를 이해하고 자신의 전공에 대한 진로탐색과 진로계획 세우기를 해 보았다. 그리고 이 과정을 통해 이제 우리는 성공적인 대학생활과 취업을 위한 기본 준비를 모두 마쳤다. 지금부터는 준비한 대로 실천에 옮기는 일과 그 과정을 기록하는 일이 남았다.

행동으로 옮기고 실천하는 일은 나의 꿈과 목표를 향해 가는 발걸음과도 같다. 그 과정에서 우리는 변화하고 성장한다. 어떤 과정으로 자신이 성장하였는지 기록하는 일 또한 중요하다. 따라서 조금씩 변화하고 이루어가는 나의 모습을 기록해야 한다. 그 과정의 모든 것을 다 모아 놓지 않으면 나중에 정말 필요할 때 다시 볼 수 없게 되거나 내가 어떻게 바뀌었는지에 대해서 잘 알 수 없게 된다. 이렇게 자신의 성장과 변화 과정을 볼 수 있도록 모아 놓는 것을 바로 '포트폴리오'라고 한다.

"나의 학습활동과 자격증 및 기타 활동에 대한 자료를 정리해 놓은 나만의 학습모음집"

1. 학습포트폴리오의 정의

포트폴리오의 원래 의미는 서류가방, 자료수집철, 자료 묶음 등을 뜻하는 말로서 현재는 자신의 이력이나 경력 또는 실력 등을 알아볼 수 있도록 자신이 과거에 만든 작품이나 관련 내용 등을 모아 놓은 자료철 또는 자료묶음 작품집을 뜻한다. 이는 실기와 관련된 경력증명서[1)]로서 현재 예술 및 건축분야에서 활발하게 사용되고 있는 용어로 교사포트폴리오, 취업 포트폴리오 등과 같이 다양한 포트폴리오가 존재하고 있다.

그렇다면 학습포트폴리오란 무엇일까? 간단하게 말해서 '나의 학습에 대한 과정 및 결과를 모아 놓은 모음집'이라고 생각하면 쉽게 접근할 수 있다. 처음에 작성했던 나의 목표, 계획 등을 바탕으로 내가 어떻게 실천하고 있는지, 내가 어떻게 성장해 왔고 내가 무엇을 학습했는지 그리고 내가 수행한 과제가 무엇인지를 하나의 자료집으로 만들어서 모아 놓은 것이라고 생각하면 된다.

2. 학습포트폴리오의 장점

그렇다면 우리는 왜 학습포트폴리오를 작성해야 할까?

1) 학습에 대한 명확한 방향을 제시

학습포트폴리오를 작성하면 자신의 비전뿐만 아니라 학습목표까지 설정하게 된다. 우리

1) 네이버 지식백과, 2015.

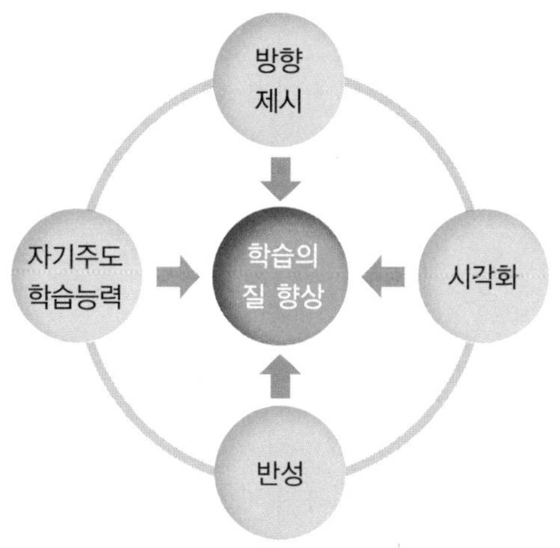

[그림 12-1] **학습포트폴리오의 장점**

교재의 맨 처음에 나와 있었던 나의 비전 설계, 장 · 단기 학습목표의 설계는 학습포트폴리오의 일부로서 학습의 방향을 명확하게 제시해 준다. 사람은 자꾸 보지 않고, 자꾸 생각하지 않으면 쉽게 방향을 잃고 고민하게 된다. 하지만 학습의 방향을 제시해 주는 학습포트폴리오가 있다면 내가 가야 할 명확한 길을 안내해 주어 나의 학습과 더 나아가 나의 경력에 지대한 영향을 줄 것이다.

2) 자신의 학습과정과 결과를 시각화

학습포트폴리오는 학습과정과 결과를 모아 놓은 모음집이라고 할 수 있다. 내가 대학에서 수업을 들으며 무엇을 배웠는지, 무슨 과제를 했었는지 그리고 어떤 프레젠테이션을 했었는지 등과 같은 내용은 잘 정리해 놓지 않으면 시간이 지난 뒤 잘 생각나지 않는다. "내가 무언가를 했다."라는 말은 누구나 다 할 수 있는 말이다. 하지만 학습포트폴리오를 작성해 두면 "내가 무언가를 했다."라는 말과 함께 "내가 한 그 무언가가 이것이다."를 함께 보여줄 수 있게 된다.

포트폴리오는 하루아침에 완성되지 않는다. 처음에는 조금 어설프게 만들어도 교수님의 피드백과 다른 사람들의 포트폴리오를 보고 수정해 간다면 취업을 한 후 포트폴리오를 만들

거나 자신의 수행기록을 남기고 싶을 때 이 과정을 참고하여 좀 더 멋진 포트폴리오를 작성할 수 있게 된다. 이처럼 학습포트폴리오는 학습의 과정과 결과를 보여주기 때문에 지금 당장은 작성하기 어렵고 힘들지 몰라도 시간이 지나면 자신에게 반드시 도움이 되는 자료라고 할 수 있다.

3) 학습활동에 대한 반성

학습포트폴리오를 작성할 때 학습과정과 결과에 대해서 반성을 하게 된다. 흔히 이루어지는 '성찰(reflection)'과정은 학습포트폴리오의 중요한 활동 중에 하나다. 내가 원래 하고자 했던 학습활동이 무엇이었는지, 잘한 점은 무엇인지, 잘못한 점은 무엇인지 등과 같이 자신의 학습을 되돌아보고 성찰해 봄으로써 학습활동에 대한 반성을 할 수 있게 된다. 물론 한 시간 전을 되돌아볼 수도 있고, 한 과목 학습이 끝난 후 한 과목에 대해서 되돌아볼 수도 있으며, 한 학기가 끝난 후에는 한 학기에 대해서 되돌아 볼 수도 있고, 대학 생활이 끝난 후 대학에서의 전반적인 학습활동에 대해서도 되돌아볼 수 있다. 중요한 것은 학습포트폴리오를 통해 자신의 학습활동에 대해서 되돌아봄으로써 자신에게 부족한 것이 무엇인지 파악할 수 있고, 자신이 잘하는 것이 무엇인지 파악할 수 있다는 것이다. 또한 파악하는 것에서 끝나지 않고 반성하고 또 다른 계획을 세울 수도 있다. 그러면서 나의 전반적인 학습능력이 향상될 수 있다.

4) 자기주도학습 능력의 향상

중 · 고등학교 때 내가 공부를 어떻게 했는지 생각해 보자. 오직 '대학'에 들어오기 위해서 주어진 내용을 외우는 데 집중했을 것이다. 하지만 대학에서의 공부, 즉 학습은 단순히 무언가를 외우는 것 그 이상을 요구한다고 할 수 있다.

대학에서의 학습은 단순히 어디에 들어가기 위해서 학습하는 것이 아니라 자신의 역량을 개발하는 데 초점이 맞춰져 있다. 처음에 대학에 들어오면 자신이 주로 해 왔던 학습방식과 전혀 맞지 않을 수 있다. 교수님이 무엇을 하라고 요구해서 하는 것이 아니라 스스로가 필요한 것을 찾아서 해야 하는 경우도 종종 발생한다. 학습포트폴리오를 작성하면 자신의 학습에서 부족한 것이 무엇이고, 어떻게 학습해야 하는지에 대해서 조금씩 알아 가는 계기가 생길 것이다. 또한 나에게 필요한 것이 무엇인지도 알게 될 것이다. 이렇게 자신에게 필요한 것이 무엇인지 알고 스스로 학습하는 것을 '자기주도학습'이라고 한다. 학습포트폴리오는 자기주도학습을 할 수 있는 기반을 마련해 주는 것이다.

3. 학습포트폴리오 작성

학습포트폴리오는 학생들이 스스로 자신의 학습에 대한 경험을 축적하는 과정이기 때문에 자신의 발전 과정을 볼 수 있고 자기반성의 기회를 가지게 된다. 그렇다면 학습포트폴리오는 어떻게 작성해야 할까? 학습포트폴리오를 작성하는 데 특별한 원칙이 있는 것은 아니다. 각자 자신의 방식으로 자신에게 맞는 학습포트폴리오를 작성하면 된다.

학습포트폴리오의 구성항목에 대해서 한번 알아보자.

학습포트폴리오 구성항목

구성항목 분류	내용
개인 이력	성명, 자기소개서, 자기진단, 학력 사항, 이력서, 성적증명서, 경력사항, 수상 내역, 자격증, 기타 증빙자료, 목표와 비전, 학습철학 등
학습활동	• 학습계획: 학습 장·단기 목표, 학습계획서, 강의계획서, 학업계획서 등 • 학습방법: 학습전략 과정, 학습습관, 자신만의 학습 노하우 등 • 학습과정: 학기별, 교과별, 주제별 학습내용, 학습스터디, 튜터링, 학습블로그 활동 등 • 학습결과: 학습노트, 보고서, 발표자료, 논문, 전시, 자료 분석 등 • 학습평가: 평가결과, 교수님 피드백, 동료 평가, 동료 피드백, 자기평가 등
성찰	학습목표 성찰, 학습과정 성찰, 학습결과 성찰, 학습상담 보고서, 성찰일지 작성 등
학습과 연관된 기타 활동	봉사활동, 경진대회 참여 및 수상내역, 동아리 활동, 연수 및 인턴십, 전문교육 수료 등

출처: 황선준, 2010.

Activity 1. 지금까지 작성한 포트폴리오 평가 및 마무리하기	
진행 방법	- 지금까지 작성한 포트폴리오를 동료에게 공개한다. - 포트폴리오를 잘한 친구에게 어떤 점을 잘했는지 포스트잇에 간단하게 메모하여 마지막 장에 붙여 준다. - 평가과정이 끝나면 학습포트폴리오를 마무리하면서 느낌 및 다짐을 적어 포트폴리오 마지막 장에 삽입한다.

4. 진로포트폴리오

진로포트폴리오란 자기 진로관련 각종 활동 및 진로설계를 담은 자료집이다(사진, 그림, 각종 글 자료 등). 다음은 진로포트폴리오를 만들 때, 일반적으로 포함하는 흐름 및 내용으로, 상황에 따라 생략될 수도 있고 추가될 수도 있다.

진로포트폴리오의 일반적 흐름 및 내용

목록	항목	내용
1장	나의 생애 설계	• 생애주기 곡선 그리기 • 생애만족도 • 15년 후 자신의 모습 • 꿈을 이루기 위한 15년 계획 세우기
2장	자기이해	• 나에 대한 이해 -나는 어떤 사람인가? -지금의 나 • 적성과 학습 능력 • 커리어넷을 활용한 적성 살펴보기 -적성유형과 향상 전략 -일상행동과 생활의 특징 • 흥미, 성격 및 가치관 -커리어넷 직업흥미 검사 -성격유형검사 -가치관검사 • 신체조건과 환경 • 생각 정리하기

3장	직업이해	• 일과 직업세계 –유망직종 –유망자격증 • 일에 대한 긍정적 태도와 가치관 –직업의 귀천
4장	진로 및 직업정보 탐색	• 전공 관련 진로탐색 –전공 관련 진로정보 찾기 –자신에게 알맞은 진로 찾기 • 직업정보 탐색 –관심 직업정보 찾기 –관심 직업 관련 사진 및 기사 찾기 –실제 직업인과의 인터뷰
5장	진로의사 결정	• 미래의 예상 문제점과 극복 방안 • 선택 기준에 따른 예비 직업 결정 • 진로의사 결정 활동 • 10년 후 나의 모습 그리기
6장	진로개발 및 준비 (활동기록장)	• 독서활동: 독서계획서, 독서이력 목록, 독서이력 카드 • 자치활동: 자치활동 이력 목록, 자치활동이력 카드 • 봉사활동: 봉사활동 이력 목록, 봉사활동이력 카드 • 기타: 계발활동/동아리활동, 체험활동/적응활동/행사활동 이력, 자격증/인증 취득상황 목록, 대회/공모전 참가상황 목록, 수강강좌 목록, 자유탐구활동 목록, 교외활동/기타활동 목록

MEMO

참고문헌

김형곤(2007). 로널드 레이건–가장 미국적인 대통령. 파주: 살림출판사.

김홍자(2009). 테마로 배우는 대학 학습전략. 서울: 한양대학교출판부.

변영계, 강태용(2007). 학습기술. 서울: 학지사.

손연아 외(2008a). 성공적인 대학생활을 위한 포트폴리오. 서울: 학지사.

손연아 외(2008b). 성공적인 대학생활을 위한 학습전략. 서울: 학지사.

이의용(2015). 스무 살 나의 비전(2판). 서울: 학지사.

송창백, 권창미(2011). 대학생의 자기계발을 위한 학습전략 가이드북. 안양: 아카데미아.

전명남(2004). 학습전략 업그레이드. 서울: 연세대학교출판문화원.

조남호(2006). 대학가는 길을 찾아주는 공부의 내비게이션 스터디 코드. 서울: 랜덤하우스중앙.

조용개, 손연아, 이석열, 이은화, 이희원, 장상필(2010). 대학생활을 위한 학습전략 포트폴리오. 서울: 학지사.

펍헙 번역그룹 역(2009). 세계 최고의 학습법[*Becoming a master student*]. D. Ellis 저. 서울: 아시아코치센터. (원저는 2006년에 출판).

황선준(2010). 학습포트폴리오 활용이 학습접근방식과 학습자 인식에 미치는 영향. 안동대학교 대학원 석사학위논문.

〈참고 사이트〉

네이버블로그. http://blog.naver.com/brainmindmap

네이버 지식백과, 2015검색. "포트폴리오".

http://terms.naver.com/entry.nhn?docId=1232824&cid=40942&categoryId=32856

네이버카페. http://cafe.naver.com/learningsm

마인드맵팁닷컴. http://mindmaptip.com

위키백과. http://ko.wikipedia.org

중앙대학교 교수학습지원센터 learning tip. http://stl.cau.ac.kr

저자소개

권창미(Kwon, Changmi)
안동대학교 교육공학 박사
현) 안동과학대학교 간호학과 교수
안동과학대학교 교수학습지원센터장

〈주요 저서 및 논문〉
『대학생의 자기계발을 위한 학습전략 가이드북』(공저, 아카데미아, 2011)
「자기조절학습지원을 위한 학습과정별 매뉴얼 개발」(안동대학교 대학원 박사학위논문, 2013)

송창백(Song, Changbeck)
안동대학교 교육공학 박사수료
전) 경북전문대학교 물리치료과 교수
경북전문대학교 교수학습지원센터장
현) 가톨릭상지대학교 유아교육과 교수
가톨릭상지대학교 교수학습지원센터장

〈주요 저서 및 논문〉
『대학생의 자기계발을 위한 학습전략 가이드북』(공저, 아카데미아, 2011)
「자기주도학습능력 향상을 위한 CES 교수학습모형개발」(한국전문대학교육협의회, 2008)
「자기조절학습능력 향상을 위한 워크북 개발」(교육정보미디어학회, 2010)

대학생활의 자기계발을 위한
대학생활과 진로탐색
College life & Career exploration

2016년 3월 15일 1판 1쇄 발행
2016년 8월 20일 1판 2쇄 발행

지은이 • 권창미 · 송창백
펴낸이 • 김 진 환
펴낸곳 • (주) 학지사
04031 서울특별시 마포구 양화로 15길 20 마인드월드빌딩 5층
대표전화 • 02) 330-5114 팩스 • 02) 324-2345
등록번호 • 제313-2006-000265호

홈페이지 • http://www.hakjisa.co.kr
페이스북 • https://www.facebook.com/hakjisa

ISBN 978-89-997-0899-2 93370

정가 13,000원

저자와의 협약으로 인지는 생략합니다.
파본은 구입처에서 교환하여 드립니다.

이 도서의 국립중앙도서관 출판시도서목록(CIP)은 서지정보유통지원시스템 홈페이지(http://seoji.nl.go.kr)와 국가자료공동목록시스템(http://www.nl.go.kr/kolisnet)에서 이용하실 수 있습니다.
(CIP제어번호: CIP2016003472)